Tiada Hukum Terhadap Perkara-perkara Sebegitu

Tiada Hukum Terhadap Perkara-perkara Sebegitu

Dr. Jaerock Lee

Tiada Hukum Terhadap Perkara-perkara Sebegitu oleh Dr. Jaerock Lee
Diterbitkan oleh Urim Books (Wakil: Johnny. H. Kim)
361-66, Shindaebang-Dong, Dongjak-Gu, Seoul, Korea
www.urimbooks.com

Semua Hak Cipta Terpelihara. Keseluruhan atau sebahagian buku ini tidak boleh diterbitkan semula dalam apa jua bentuk, disimpan dalam sistem dapatan semula, disebarkan dalam apa jua bentuk atau dengan apa jua cara, biarpun secara elektronik, mekanikal, fotokopi, rakaman atau lain-lain cara, tanpa dahulunya memperolehi kebenaran bertulis daripada penerbit.

Kecuali dinyatakan sebaliknya, semua petikan Kitab diambil dari Alkitab Berita Baik, Edisi Kedua , 2001, Hak Cipta © Bible Society of Malaysia 2001. Digunakan dengan kebenaran. Digunakan dengan kebenaran.

Hak Cipta © 2013 oleh Dr. Jaerock Lee
ISBN: 979-11-263-0835-4 03230
Hak Cipta Terjemahan © 2013 oleh Dr. Esther K. Chung. Digunakan dengan kebenaran.

Pertama Diterbitkan pada Oktober 2013

Dahulu diterbitkan di Korea pada 2009 oleh Urim Books di Seoul, Korea

Disunting oleh Dr. Geumsun Vin
Direkabentuk oleh Biro Editorial Urim Books
Untuk maklumat lanjut, sila hubungi: urimbook@hotmail.com

"Tetapi buah Roh ialah: kasih, sukacita, damai sejahtera, kesabaran, kemurahan, kebaikan, kesetiaan, kelemah lembutan, penguasaan diri. Tidak ada hukum yang menentang hal-hal itu."
(Galatia 5:22-23)

Prakata

Orang Kristian mendapat kebebasan sejati
apabila mereka memiliki buah-buah Roh Kudus,
terhadap yang tidak ada hukum.

Setiap orang perlu mentaati undang-undang dan peraturan dalam apa jua keadaan mereka. Jika mereka merasakan undang-undang tersebut adalah seperti belenggu yang mengikat mereka, mereka akan berasa dibebani dan disakiti. Dan hanya kerana mereka berasa dibebani dan mengejar pelepasan dan kecelaruan, ini bukan kebebasan. Setelah mereka menurutkan hati dalam perkara-perkara sebegitu, mereka hanya tertinggal dengan perasaan keangkuhan, dan hanya kematian abadi menantikan mereka.

Kebebasan sejati bermaksud bebas daripada kematian abadi dan daripada semua tangisan, kesedihan, dan kesakitan. Ia juga adalah untuk mengawal naluri asal yang memberikan kita perkara-perkara sebegitu dan untuk mendapat kekuatan untuk mengatasinya. Tuhan Maha Pengasih tidak mahu kita menderita dengan apa cara sekali pun, dan untuk sebab ini Dia merekodkan di dalam Alkitab bagaimana untuk menikmati kehidupan abadi dan kebebasan sejati.

Penjenayah atau mereka yang telah melanggar undang-undang negara akan menjadi resah jika mereka melihat pegawai polis. Tetapi mereka yang mentaati undang-undang tidak akan rasa begitu, namun mereka akan sentiasa meminta bantuan polis, dan mereka merasa lebih selamat dengan kehadiran polis.

    Dengan cara yang sama , mereka yang tinggal dalam kebenaran tidak takut apa-apa dan mereka menikmati kebebasan yang sebenar, kerana mereka memahami bahawa undang-undang Tuhan adalah laluan kepada menerima rahmat. Mereka boleh menikmati kebebasan seperti ikan paus yang berenang di lautan dan helang yang berterbangan di langit.

    Hukum Tuhan boleh dikategorikan kepada empat perkara. Ia memberitahu kita untuk melakukan, tidak melakukan, mengekalkan, dan membuang perkara-perkara tertentu. Dengan berlalunya masa, dunia semakin dicemari dengan dosa dan kejahatan, dan disebabkan ini semakin ramai orang berasa dibelenggu oleh hukum Tuhan dan tidak mentaatinya. Orang-orang Israel semasa era Perjanjian Lama menderita dengan teruk kerana mereka tidak mentaati Hukum Musa.

    Jadi Tuhan menghantar Yesus ke bumi ini untuk membebaskan semua orang daripada sumpahan Hukum itu. Yesus yang suci mati disalib, dan sesiapa yang percaya kepada Dia boleh diselamatkan dengan beriman. Apabila orang menerima kurnia Roh Kudus dengan menerima Yesus Kristus, mereka menjadi anak-anak Tuhan, dan mereka juga boleh memiliki buah-buah Roh Kudus dengan bimbingan Roh Kudus.

Apabila Roh Kudus masuk ke dalam hati kita, Dia membantu kita memahami dengan lebih mendalam tentang Tuhan serta hidup mentaati Firman Tuhan. Sebagai contoh, apabila ada seseorang yang kita tidak dapat memaafkan, Beliau mengingatkan kita pengampunan dan cinta kepada Tuhan dan membantu kita memaafkan orang itu. Jadi, kita boleh membuang kejahatan daripada hati kita dan menggantikan dengan kebaikan dan cinta. Dengan cara ini, kita boleh menonjolkan buah Roh Kudus melalui bimbingan Roh Kudus, kita bukan sahaja akan menikmati kebebasan di dalam kebenaran tetapi kita juga akan menerima kasih sayang dan rahmat Tuhan yang melimpah.

Melalui buah Roh, kita boleh menilai diri kita untuk mengetahui betapa suci dan sejauh mana diri kita dekat dengan takhta Tuhan, dan juga sebanyak mana kita telah memupuk hati Yesus yang merupakan pengantin kita. Lebih banyak buah Roh Kudus kita memiliki, lebih ceria dan lebih cantik kediaman syurga kita akan masuk. Dalam usaha untuk memasuki Yerusalem Baru di Syurga, kita mesti memiliki semua buah sepenuhnya dan indah, dan bukan hanya sebahagian daripada buah-buah tersebut.

Kerja ini Tiada Hukum Terhadap Perkara-perkara Sebegitu membolehkan anda dengan mudah memahami maksud rohani sembilan buah Roh Kudus berserta contoh-contoh yang khusus. Bersama-sama Cinta Rohani dalam 1 Korintus 13, dan Ucapan Bahagia dalam Matius 5, buah-buah Roh Kudus adalah papan-papan tanda yang akan membimbing kita menuju iman yang betul. Ia akan memimpin kita sehingga kita sampai destinasi akhir iman kita, Yerusalem Baru.

Saya bersyukur kepada Geumsun Vin, pengarah biro editorial dan kakitangan, dan juga saya berdoa dalam nama Tuhan bahawa anda dengan cepat akan memiliki kesemua sembilan buah Roh Kudus melalui buku ini, supaya anda boleh menikmati kebebasan yang sebenar dan menjadi penduduk Yerusalem Baru.

Jaerock Lee

Pengenalan

Satu papan tanda dalam perjalanan iman kita menuju Yerusalem Baru di Syurga

Semua orang sibuk di dalam dunia moden ini. Mereka bekerja dan berusaha untuk memiliki dan menikmati banyak perkara. Namun setengah orang masih mempunyai matlamat-hidup sendiri walaupun dengan trend dunia, tetapi mereka ini dari masa ke semasa mungkin akan berfikir sama ada mereka menjalani kehidupan yang betul. Kemudian mereka mungkin merenung kembali kehidupan mereka pada saat itu. Dalam perjalanan iman kita, kita juga boleh mempunyai pertumbuhan yang pesat dan mengambil jalan pintas ke kerajaan syurgawi apabila kita memeriksa diri kita dengan Firman Tuhan.

Bab 1, 'Memiliki Buah Roh Kudus', menerangkan tentang Roh Kudus yang membangkitkan roh yang telah mati, yang mati disebabkan dosa Adam. Ia memberitahu kita bahawa kita boleh memiliki dengan banyak buah-buah Roh Kudus apabila kita menuruti keinginan Roh Kudus.

Bab 2 'Kasih Sayang' memberitahu kita tentang buah Roh Kudus, 'Kasih Sayang'. Ia juga menunjukkan beberapa bentuk kasih sayang

yang salah semenjak kejatuhan Adam, dan memberikan kita cara-cara untuk memupuk kasih sayang yang disenangi oleh Tuhan.

Bab 3, 'Kegembiraan' menyatakan bahawa kegembiraan adalah ukuran utama yang membolehkan kita memeriksa sama ada iman kita betul atau tidak dan menerangkan sebab kenapa kita telah kehilangan kegembiraan cinta pertama. Ia memberitahu kita tentang tiga cara kita boleh memiliki buah kegembiraan, yang dengannya kita boleh bergembira dan bersukacita di dalam apa jua keadaan atau situasi.

Bab 4 'Kedamaian' menyatakan bahawa adalah penting untuk merobohkan dinding dosa untuk memiliki kedamaian dengan Tuhan, dan juga kita harus berdamai dengan diri kita dan juga dengan semua orang. Ia juga membolehkan kita memahami kepentingan mengucap kata-kata kebaikan dan berfikir daripada perspektif orang lain dalam proses berdamai.

Bab 5 'Kesabaran' menerangkan bahawa kesabaran sebenar bukan hanya memendamkan perasaan-perasaan yang keras tetapi harus juga bersabar dengan hati yang baik dan bebas daripada kejahatan, serta kita akan mendapat rahmat yang hebat apabila kita memiliki kesabaran yang sebenar. Ianya juga mendalami tiga jenis kesabaran: kesabaran mengubah hati diri sendiri; kesabaran dengan orang lain; kesabaran berkaitan dengan Tuhan.

Bab 6 'Kebaikan Hati' mengajar kita jenis orang yang mempunyai kebaikan hati dengan memberikan contoh Yesus. Mendalami ciri-ciri kebaikan hati, ia juga memberitahu kita perbezaannya dengan 'Cinta'. Akhirnya, ia menunjukkan kita cara untuk menerima kasih dan rahmat Tuhan.

Bab 7 'Kebaikan' memberitahu kita tentang hati kebaikan dengan contoh Yesus yang tidak pernah bertengkar atau mengeluh; ataupun mematahkan dedaun yang rosak mahupun memadamkan sumbu yang membara. Ia juga membezakan kebaikan daripada buah-buah lain supaya kita boleh memiliki buah kebaikan yang mengeluarkan haruman Kristus.

Bab 8 'Kesetiaan' mengajar kita tentang jenis rahmat kita menerima apabila kita setia di dalam semua rumah Tuhan. Dengan contoh-contoh Musa dan Yusuf, yang membolehkan kita memahami jenis manusia yang memiliki buah kesetiaan.

Bab 9 'Kelembutan' menerangkan maksud kelembutan di mata Tuhan dan memberitahu ciri-ciri mereka yang memiliki buah kelembutan. Ia memberikan kita gambaran tentang empat jenis bidang berkaitan apa yang kita harus lakukan untuk memiliki buah kelembutan. Ia akhirnya memberitahu kita tentang rahmat yang dikurniakan kepada mereka yang memiliki kelembutan.

Bab 10 'Kawalan-diri' menunjukkan kenapa kawalan-diri dinamakan buah terakhir di antara sembilan buah-buah Roh Kudus serta kepentingan kawalan diri. Buah kawalan-diri adalah sesuatu yang sangat penting, yang menjalankan kawalan ke atas kesemua lapan buah Roh Kudus yang lain.

Bab 11, 'Tiada Hukum Terhadap Perkara-perkara Sebegitu' adalah kesimpulan buku ini, yang membantu kita memahami kepentingan mengikuti Roh Kudus dan mengharapkan para pembaca akan cepat menjadi manusia berjiwa sempurna dengan bantuan Roh Kudus.

Kita tidak boleh berkata bahawa iman kita hebat hanya kerana kita telah lama beriman atau hanya kerana kita memiliki pengetahuan Alkitab yang mendalam. Ukuran iman ditentukan oleh sejauh mana kita telah mengubah hati kita kepada hati kebenaran dan banyak mana kita telah pemupukan hati Tuhan.

Saya berharap para pembaca dapat memeriksa iman mereka dan memiliki banyak buah Roh Kudus melalui bimbingan Roh Kudus.

Geumsun Vin,
Pengarah Biro Suntingan

ISI KANDUNGAN
Tiada Hukum Terhadap Perkara-Perkara Sebegitu

Prakata · vii

Pengenalan · xi

Bab 1
Memiliki Buah Roh
1

Bab 2
Kasih
13

Bab 3
Kegembiraan
29

Bab 4
Kedamaian
47

Bab 5
Kesabaran
67

Bab 6 Kebaikan Hati	85
Bab 7 Kebaikan	101
Bab 8 Kesetiaan	119
Bab 9 Kelembutan	137
Bab 10 Kawalan-diri	159
Bab 11 Tiada Hukum Terhadap Perkara-perkara Sebegitu	175

Galatia 5:16-21

"Maksudku ialah: hiduplah oleh Roh, maka kamu tidak akan menuruti keinginan daging. Sebab keinginan daging berlawanan dengan keinginan Roh dan keinginan Roh berlawanan dengan keinginan daging--karena keduanya bertentangan--sehingga kamu setiap kali tidak melakukan apa yang kamu kehendaki. Akan tetapi jikalau kamu memberi dirimu dipimpin oleh Roh, maka kamu tidak hidup di bawah Hukum Taurat. Perbuatan daging telah nyata, iaitu: pencabulan, pencemaran, hawa nafsu, penyembahan berhala, sihir, perseteruan, perselisihan, iri hati, amarah, kepentingan diri sendiri, pencederaan, roh pemecah, kedengkian, mabuk, pesta pura dan sebagainya. Terhadap semuanya itu aku peringatkan kamu--seperti yang telah ku buat dahulu--bahwa barangsiapa melakukan hal-hal yang demikian, ia tidak akan mendapat tempat di dalam Kerajaan Tuhan.

Bab 1

Memiliki buah Roh

Roh Kudus memulihkan roh yang telah mati

Memiliki buah Roh

Keinginan Roh Kudus dan keinginan daging

Janganlah kita patah hati dalam melakukan kebaikan

Memiliki buah Roh

Sekiranya para pemandu boleh membawa kereta di lebuh raya yang kosong mereka akan mempunyai perasaan yang menyegarkan. Tetapi jika mereka memandu di sesuatu kawasan buat kali pertama, mereka masih perlu berhati-hati dan berjaga-jaga. Bagaimana jika mereka mempunyai sistem pengemudian GPS di dalam kereta? Mereka boleh mempunyai maklumat jalan yang terperinci dan panduan yang betul, jadi mereka boleh sampai ke destinasi mereka tanpa sesat.

Perjalanan iman kita dalam menuju ke kerajaan syurgawi amat serupa. Untuk mereka yang percaya kepada Tuhan dan hidup mentaati Firman Dia, Roh Kudus melindungi mereka terlebih dahulu supaya mereka boleh mengelakkan banyak rintangan dan kesusahan. Roh Kudus membimbing kita kepada jalan yang paling ringkas dan mudah untuk sampai ke destinasi kita, iaitu kerajaan syurgawi.

Roh Kudus memulihkan roh yang telah mati

Manusia pertama , Adam, adalah roh hidup ketika Tuhan menciptakan dia dan menghembuskan nafas ke dalam hidungnya; nafas kehidupan. 'Nafas kehidupan' adalah 'kuasa yang terkandung di dalam cahaya asal' dan diwariskan kepada leluhur Adam sewaktu mereka tinggal di dalam Taman Eden.

Walau bagaimanapun, apabila Adam dan Hawa melakukan dosa keingkaran dan dihalau keluar ke bumi ini, keadaan telah pun berubah. Tuhan mengambil balik hampir kesemua nafas kehidupan daripada Adam dan Hawa dan hanya meninggalkan kesannya, dan ini adalah 'benih kehidupan'. Dan benih kehidupan ini tidak boleh diwariskan daripada Adam dan Haa kepada anak-anak mereka.

Jadi, pada bulan keenam kehamilan, Tuhan meletakkan benih kehidupan di dalam roh bayi dengan menanam ia dalam nukleus sel yang ada di tengah-tengah, yang merupakan bahagian tengah manusia. Dalam kes mereka yang belum menerima Yesus Kristus, benih kehidupan kekal tidak aktif seperti benih yang ditutupi oleh tempurung yang keras. Kita berkata roh telah mati manakala benih kehidupan tidak aktif. Selagi roh kekal mati, seseorang itu tidak boleh mendapat kehidupan abadi atau memasuki kerajaan syurgawi.

Semenjak kejatuhan Adam, semua manusia ditakdirkan mati. Untuk mendapat kehidupan abadi semula, dosa-dosa mereka mesti diampuni, yang merupakan punca asal kematian, dan roh mereka mesti dipulihkan. Untuk sebab ini Tuhan Maha Pengasih mengutuskan Anak Tunggal Dia Yesus ke bumi sebagai penyelesaian dan membuka jalan kepada penyelamatan. Iaitu, Yesus menyerap semua dosa keseluruhan umat manusia dan mati di atas salib untuk memulihkan roh mati kita. Dia menjadi jalan, kebenaran, dan kehidupan untuk semua orang mendapat kehidupan abadi.

Oleh itu, apabila kita menerima Yesus Kristus sebagai Penyelamat peribadi kita, dosa-dosa kita diampuni; kita menjadi anak-anak Tuhan dan menerima hadiah Roh Kudus. Dengan kuasa Roh Kudus, benih hidupan, yang telah lama tidak aktif ditutupi oleh cangkerang keras, hidup dan menjadi aktif. Ketika ini lah roh mati dipulihkan. Tentang ini Yohanes 3:6 berkata, "…apa yang dilahirkan dari Roh, adalah roh." Benih yang telah bercambah boleh membesar hanya apabila ia dibekalkan dengan air dan cahaya matahari. Dengan cara yang sama, benih kehidupan mesti dibekalkan dengan air dan cahaya rohani supaya ia boleh bertumbuh selepas ia bercambah. Iaitu, untuk membuat roh kita bertumbuh, kita perlu belajar Firman Tuhan, yang adalah air kerohanian, dan kita perlu bertindak dengan Firman Tuhan, yang merupakan cahaya rohani.

Roh Kudus yang telah datang ke dalam hati kita membolehkan kita tahu tentang dosa, kebenaran, dan penghakiman. Dia membantu kita membuang dosa dan kejahatan dan hidup dalam kebenaran. Dia memberikan kita kuasa supaya kita boleh berfikir, bercakap, dan bertindak dalam kebenaran. Dia juga membantu kita menjalani kehidupan dalam iman dan beriman serta mengharapkan kerajaan syurgawi, jadi roh kita boleh bertumbuh dengan baik. Biar saya memberikan anda satu contoh supaya anda lebih memahami.

Katakan terdapat seorang kanak-kanak yang dibesarkan dalam keluarga yang bahagia. Satu hari dia pergi ke gunung dan melihat pemandangan, dia menjerit, "Yahoo!" Tetapi, seseorang menjawab kepadanya dengan cara yang sama, "Yahoo!" Terkejut, budak itu bertanya, "Siapakah kamu?" Dan suara lain itu mengulangi soalan dia. Budak lelaki itu mulai marah dengan orang yang meniru, dan dia berkata, "Adakah anda cuba mencari gaduh dengan saya?" dan kata-kata yang sama diulangi kepada dia. Beliau tiba-tiba merasakan ada orang sedang memerhatikannya dan mula berasa takut.

Dia dengan cepat turun dari gunung dan menceritakan hal itu kepada ibu dia. Dia berkata, "Ibu, terdapat seorang lelaki yang benar-benar jahat di gunung itu." Tetapi ibu dia menjawab sambil tersenyum lembut, "Saya rasa budak di gunung itu adalah budak baik, dan dia boleh menjadi kawan anda. Apa kata anda balik ke gunung itu besok dan meminta maaf?" Pagi berikutnya budak lelaki itu naik ke puncak gunung itu sekali lagi dan menjerit dengan suara yang kuat, "Saya minta maaf untuk semalam! Boleh tak anda menjadi kawan saya?" Dia mendengar soalan yang sama diulangi.

Ibu itu telah membolehkan anak lelaki dia menyedari perkara itu sendiri. Dan Roh Kudus membantu kita di dalam perjalanan iman kita seperti seorang ibu yang lembut.

Memiliki buah Roh

Apabila benih ditanam, ia bercambah, bertumbuh, berkembang, dan selepas berkembang, muncul satu hasil, iaitu buah. Sama seperti itu, apabila benih kehidupan di dalam diri kita yang ditanam oleh tunas Tuhan melalui Roh Kudus, ia bertumbuh dan menghasilkan buah-buah Roh Kudus. Namun, bukan semua yang telah menerima Roh Kudus memiliki buah-buah Roh Kudus. Kita boleh memiliki buah Roh Kudus hanya apabila kita mengikuti bimbimgan Roh Kudus.

Roh Kudus boleh disamakan dengan penjana kuasa. Elektrik akan dijanakan apabila penjana beroperasi. Jika penjana disambungkan kepada lampu mentol dan membekalkan arus elektrik, mentol itu akan menyala. Apabila ada cahaya, kegelapan lenyap. Dengan cara yang sama, apabila Roh Kudus bekerja di dalam diri kita, kegelapan di dalam diri kita lenyap kerana cahaya masuk ke dalam hati kita. Barulah kita boleh memiliki buah-buah Roh Kudus.

Dengan cara itu, ada satu perkara penting di sini. Untuk mentol bersinar cahaya, hanya dengan sambungan kepada penjana tidak akan menghasilkan apa-apa. Seseorang harus menghidupkan penjana. Tuhan telah memberikan kita penjana yang dipanggil Roh Kudus, dan kita sendiri yang perlu menghidupkan penjana ini, Roh Kudus.

Untuk menghidupkan penjana Roh Kudus tersebut, kita mesti sentiasa berwaspada dan berdoa bersungguh-sungguh. Kita juga perlu mentaati bimbingan Roh Kudus untuk mengikuti kebenaran. Apabila kita mengikuti bimbingan dan dorongan Roh Kudus, kita dikatakan mengikuti kehendak Roh Kudus. Kami akan dipenuhi dengan Roh Kudus apabila kita bersungguh-sungguh mengikuti kehendak Roh Kudus, dan dengan berbuat demikian, hati kita akan bertukar dengan kebenaran. Kita akan memiliki buah-buah Roh Kudus apabila kita semakin berisi Roh Kudus.

Apabila kita membuang semua sifat yang berdosa itu dari hati kita dan memupuk hati rohani dengan bantuan Roh Kudus, buah-buah Roh Kudus mula menunjukkan bentuknya. Sama seperti buah anggur yang sejambak tetapi berlainan saiz dan tempoh menjadi masak, ada buah-buah Roh Kudus yang boleh masak sepenuhnya manakala buah-buahan lain Roh Kudus lain tidak. Seseorang mungkin telah memiliki buah kasih sayang dengan banyak manakala buahnya yang lain iaitu kawalan diri tidak cukup masak. Atau, buah kesetiaan seseorang telah masak sepenuhnya manakala buah kelembutan dia belum lagi masak.

Walau bagaimanapun, dengan berlalunya masa, setiap anggur akan masak sepenuhnya, dan jambak itu akan terdiri daripada anggur yang besar dan berwarna ungu gelap. Begitu juga, jika kita memiliki semua buah Roh Kudus sepenuhnya, ia bermakna kita telah menjadi manusia rohani sepenuhnya, jenis yang Tuhan benar-benar mahu. Mereka seperti ini akan mengeluarkan haruman Kristus di dalam setiap aspek kehidupan mereka. Mereka akan mendengar suara Roh Kudus dan menunjukkan kuasa Roh Kudus untuk memuliakan Tuhan. Oleh kerana mereka menyerupai Tuhan sepenuhnya, mereka akan diberikan kelayakan untuk memasuki Yerusalem Baru, di mana terletaknya takhta Tuhan.

Keinginan Roh Kudus dan keinginan daging

Ketika kita berusaha mentaati kehendak Roh Kudus, terdapat kehendak jenis lain yang mengganggu kita. Ini adalah kehendak daging. Kehendak daging mengikuti ketidakbenaran, yang bertentangan dengan Firman Tuhan. Ia membuatkan kita mengejar perkara-perkara seperti hawa badaniah, hawa mata, dan sifat angkuh dalam kehidupan. Ia juga mendorong kita melakukan dosa dan mengamalkan ketidakbenaran dan kejahatan.

Baru-baru ini, seorang lelaki datang berjumpa dengan saya meminta saya berdoa untuk dia supaya berhenti menonton bahan-bahan lucah. Dia berkata, apabila dia pertama kali mula menonton bahan-bahan itu, dia bukan berniat menikmati bahan-bahan itu tetapi untuk memahami bagaimana bahan-bahan itu berkesan ke atas orang. Tetapi selepas dia menontonnya, dia secara konsisten diingatkan tentang adegan-adegan itu dan dia ingin menontonnya semula. Tetapi di dalam, Roh Kudus sedang menggesa dia supaya jangan, dan hal ini mengganggu fikiran dia.

Dalam kes ini, hati dia resah disebabkan hawa mata dia, iaitu perkara-perkara yang dia melihat dan mendengar dengan mata dan telinga dia. Sekiranya kita tidak memutuskan hawa daging ini tetapi terus menerimanya, kita tidak lama lagi akan mula melakukan perkara-perkara ketidakbenaran, dua, tiga, dan empat kali, dan bilangannya akan terus bertambah.

Untuk sebab ini, Galatia 5:16-18 berkata, "Maksudku ialah: hiduplah oleh Roh, maka kamu tidak akan menuruti keinginan daging. Sebab keinginan daging berlawanan dengan keinginan Roh dan keinginan Roh berlawanan dengan keinginan daging--karena keduanya bertentangan--sehingga kamu setiap kali tidak melakukan apa yang kamu kehendaki. Akan tetapi jikalau kamu memberi dirimu dipimpin oleh Roh, maka kamu tidak hidup di bawah hukum Taurat.

Apabila kita mengikuti keinginan Roh Kudus, kita mempunyai ketenangan di dalam hati kita dan kita akan gembira kerana Roh Kudus bersukacita. Sebaliknya, jika kita mengikuti keinginan daging, hati kita akan keberatan kerana Roh Kudus akan merintih di dalam diri kita.

Selain itu, kita juga akan kehilangan kesempurnaan Roh, jadi ianya menjadi bertambah susah untuk kita menuruti keinginan Roh Kudus.

Paulus menyebut tentang ini di dalam Roma 7:22-24 dengan berkata, "Sebab di dalam batinku aku suka akan hukum Tuhan, tetapi di dalam anggota-anggota tubuhku aku melihat hukum lain yang berjuang melawan hukum akal budiku dan membuat aku menjadi tawanan hukum dosa yang ada di dalam anggota-anggota tubuhku. Aku, manusia celaka! Siapakah yang akan melepaskan aku dari tubuh maut ini?" Bergantung kepada sama ada kita mengikuti keinginan Roh Kudus atau yang daging, kita boleh menjadi sama ada anak-anak Tuhan yang diselamatkan atau anak-anak kegelapan yang memilih jalan kematian.

Galatia 6:8 menyatakan, "Sebab barangsiapa menabur dalam dagingnya, ia akan menuai kebinasaan dari dagingnya, tetapi barangsiapa menabur dalam Roh, ia akan menuai hidup yang kekal dari Roh itu." Sekiranya kita menuruti keinginan daging, kita hanya akan melakukan kerja-kerja daging, iaitu dosa dan kejahatan, dan akhirnya kita tidak akan memasuki kerajaan syurgawi (Galatia 5:19-21). Tetapi jika kita menuruti keinginan Roh Kudus, kita akan memiliki sembilan buah Roh Kudus (Galatia 5:22-23).

Janganlah kita patah hati dalam melakukan kebaikan

Kita memiliki buah Roh dan menjadi anak-anak sebenar Tuhan sehingga kita bertindak dengan iman, mengikuti Roh Kudus. Namun dalam hati manusia terdapat hati kebenaran dan hati ketidakbenaran. Hati kebenaran mendorong kita mengikuti keinginan Roh Kudus dan hidup dengan Firman Tuhan. Hati ketidakbenaran mendorong kita mengikuti keinginan daging dan tinggal di dalam kegelapan.

Sebagai contoh, menjaga kesucian Hari Tuhan adalah salah satu Hukum Sepuluh yang anak-anak Tuhan mesti mentaati. Tetapi seseorang yang beriman yang sedang berniaga di kedai mempunyai iman yang lemah dan mungkin mempunyai konflik di dalam hati apabila berfikir dia akan rugi apabila dia tutup kedai pada hari Ahad. Di sini, keinginan daging akan membuat dia berfikir, 'Kenapa tidak tutup kedai pada hari-hari lain setiap minggu? Atau, bagaimana kalau saya menghadiri servis pagi Ahad dan isteri saya pula menghadiri servis pada sebelah petang supaya kami boleh bergilir menjaga kedai?' Tetapi keinginan Roh Kudus akan membantu dia mentaati Firman Tuhan dengan memberikan dia pemahaman seperti, "Jika saya menjaga kesucian Hari Tuhan, Tuhan akan memberikan saya lebih banyak keuntungan berbanding jika saya membuka keai pada hari Ahad."

Roh Kudus membantu kita mengatasi kelemahan kita dan memberikan syafaat untuk kita dengan ratapan yang terlalu mendalam sehingga tidak dapat dijelaskan dengan kata-kata (Roma 8:26). Apabila kita mempraktikkan kebenaran mengikuti bantuan Roh Kudus, kita akan mempunyai ketenangan di dalam hati, dan iman kita akan bertambah setiap hari.

Firman Tuhan yang tertulis di dalam Alkitab adalah kebenaran yang tidak pernah berubah; ia dengan sendirinya adalah kebaikan. Ia memberikan kehidupan abadi kepada anak-anak Tuhan, dan merupakan cahaya yang membimbing mereka ke arah menikmati kebahagiaan dan keseronokan abadi. Anak-anak Tuhan yang dibimbing oleh Roh Kudus harus menyalib daging bersama-sama dengan keghairahan dan keinginan mereka. Mereka juga harus mengikuti keinginan Roh Kudus berdasarkan kepada Firman Tuhan dan jangan patah hati dalam melakukan kebaikan.

Matius 12:35 berfirman, "Orang yang baik mengeluarkan hal-hal yang baik dari perbendaharaannya yang baik dan orang yang jahat mengeluarkan hal-hal yang jahat dari perbendaharaannya yang jahat." Jadi, kita harus membuang kejahatan daripada hati kita dengan bersungguh-sungguh dan terus melakukan kerja-kerja baik.

Dan Galatia 5:13-15 berfirman, "Saudara-saudara, memang kamu telah dipanggil untuk merdeka. Tetapi janganlah kamu mempergunakan kemerdekaan itu sebagai kesempatan untuk kehidupan dalam dosa, melainkan saling melayani sesama diri dengan penuh kasih. Seluruh hukum agama tersimpul dalam perintah yang satu ini, "Hendaklah engkau mengasihi sesamamu manusia seperti engkau mengasihi dirimu sendiri." Tetapi kalau kalian saling cakar-mencakar, awas, nanti kalian sama-sama hancur," dan Galatia 6:1-2 berbunyi, "Saudara-saudara! Kalau seseorang didapati melakukan suatu dosa, hendaklah kalian yang hidup menurut Roh Kudus, membimbing orang itu kembali pada jalan yang benar. Tetapi kalian harus melakukan itu dengan lemah lembut, dan jagalah jangan sampai kalian sendiri tergoda juga. Bertolong-tolonganlah menanggung bebanmu! Demikianlah kamu memenuhi hukum Kristus.

Apabila kita mentaati Firman Tuhan seperti di atas, kita boleh memiliki buah Roh dengan banyak dan menjadi manusia dengan rohani yang sempurna. Setelah itu, kita akan menerima segala-galanya yang kita minta ketika berdoa dan memasuki Yerusalem Baru di kerajaan syurgawi yang abadi.

1 Yohanes 4:7-8

"Saudara-saudara yang tercinta! Marilah kita mengasihi satu sama lain, sebab kasih berasal dari Tuhan. Orang yang mengasihi, adalah anak Tuhan dan ia mengenal Tuhan. Orang yang tidak mengasihi, tidak mengenal Tuhan; sebab Tuhan adalah kasih."

Bab 2

Kasih

Tahap tertinggi kasih rohani

Kasih daging berubah dengan masa

Kasih rohani memberikan nyawa sendiri

Kasih sejati terhadap Tuhan

Untuk memiliki buah kasih

Kasih

Kasih lebih berkuasa daripada apa yang orang boleh bayangkan. Dengan kuasa kasih, kita boleh menyelamatkan mereka yang mungkin telah ke arah menuju kematian. Kasih boleh memberikan mereka kekuatan baharu dan galakan. Jika kita menutupi kesalahan orang lain dengan kuasa kasih, perubahan-perubahan yang menakjubkan akan berlaku dan rahmat yang hebat akan diterima, kerana Tuhan bekerja dalam kebaikan, kasih, kebenaran dan keadilan.

Satu pasukan penyelidikan sosiologi tertentu melakukan kajian ke atas 200 pelajar, yang berada dalam persekitaran yang miskin di bandar Baltimore. Pasukan itu membuat kesimpulan bahawa pelajar itu tidak mempunyai banyak peluang dan harapan untuk kejayaan. Tetapi mereka telah melakukan kajian susulan ke atas pelajar-pelajar yang sama 25 tahun kemudian, dan hasilnya sangat menakjubkan. 176 daripada 200 pelajar itu menjadi individu yang berjaya dari segi sosial sebagai peguam, doktor perubatan, pendakwah, atau ahli perniagaan. Sudah tentu para penyelidik bertanya kepada mereka bagaimana mereka dapat mengatasi persekitaran yang mencabar sedemikian, dan mereka semua menyebut nama seorang guru tertentu. Guru ini telah ditanya bagaimana beliau boleh membawa perubahan sebegitu yang yang sangat menakjubkan dan dia menjawab, "Saya hanya mengasihi mereka, dan mereka hanya tahu."

Jadi, apa itu kasih, buah pertama daripada sembilan buah Roh Kudus?

Tahap tertinggi kasih rohani

Secara amnya, kasih boleh dikategorikan kepada kasih daging dan kasih rohani. Kasih daging mencari manfaat untuk diri sendiri. Ia adalah kasih tidak bermakna yang akan berubah dengan berlalunya masa. Walau bagaimanapun, kasih rohani mencari manfaat untuk orang lain dan tidak akan berubah dalam apa jua keadaan. 1 Korintus 13 menerangkan tentang kasih rohani secara terperinci.

"Kasih itu sabar; kasih itu murah hati; ia tidak cemburu. Ia tidak memegahkan diri dan tidak sombong, Ia tidak melakukan yang tidak sopan dan tidak mencari keuntungan diri sendiri. Ia tidak pemarah dan tidak menyimpan kesalahan orang lain, Ia tidak bersukacita kerana ketidakadilan, tetapi kerana kebenaran; Ia menutupi segala sesuatu, percaya segala sesuatu, mengharapkan segala sesuatu, sabar menanggung segala sesuatu" (ayat. 4-7).

Justeru, bagaimana buah kasih di dalam Galatia 5 dan 1 Korintus 13 berbeza? Kasih sebagai buah Roh Kudus termasuk kasih pengorbanan yang dengan yang mana satu boleh memberikan kehidupan sendiri. Ia adalah kasih yang berada pada tahap yang lebih tinggi daripada kasih di dalam 1 Korintus 13. Ia adalah tahap tertinggi kasih rohani.

Jika kita memiliki buah kasih dan boleh mengorbankan nyawa kita demi orang lain, kita boleh mengasihi apa sahaja dan sesiapa sahaja. Tuhan mengasihi kita dengan segala-galanya dan Yesus mengasihi kita dengan nyawa Dia. Jika kita mempunyai kasih ini dalam diri kita, kita boleh berkorban untuk Tuhan, kerajaan-Nya, dan kebenaran-Nya. Tambahan pula, kerana kita mengasihi Tuhan, kita juga boleh mempunyai tahap tertinggi kasih dan mengorbankan kehidupan kita bukan sahaja untuk adik-beradik kita yang lain tetapi juga untuk musuh-musuh yang membenci kita.

1 Yohanes 4:20-21 berfirman, "Jikalau seorang berkata: "Aku

mengasihi Tuhan," dan membenci saudaranya, maka dia adalah pendusta, kerana barangsiapa tidak mengasihi saudara yang dilihatnya, tidak mungkin boleh mengasihi Tuhan, yang tidak dilihatnya. Dan perintah ini kita terima dari Dia: Barang siapa mengasihi Tuhan, dia harus juga mengasihi saudaranya." Oleh itu, jika kita mengasihi Tuhan, kita akan mengasihi semua orang. Jika kita kata kita mengasihi Tuhan sambil membenci seseorang, ia adalah dusta.

Kasih daging berubah dengan masa

Apabila Tuhan menciptakan manusia pertama Adam, Tuhan mengasihi dia dengan kasih rohani. Dia menciptakan taman yang indah ke arah timur, di Eden dan membiarkan dia tinggal di situ tanpa sebarang kekurangan apa-apa. Tuhan berjalan dengan dia. Tuhan bukan hanya mengurniakan Taman Eden, yang merupakan tempat tinggal yang sempurna kepada dia, tetapi juga autoriti untuk menakluki dan berkuasa ke atas segala-galanya di atas bumi ini juga.

Tuhan memberikan limpahan kasih rohani kepada Adam. Tetapi, Adam tidak dapat merasa kasih Tuhan sebenar-benarnya. Adam tidak pernah mengalami kebencian atau kasih daging yang berubah, jadi dia tidak menyedari betapa berharga kasih Tuhan itu. Setelah sekian lama, masa berlalu, Adam tergoda oleh ular itu dan mengingkari Firman Tuhan. Dia memakan buah yang Tuhan telah melarang (Kejadian 2:17; 3:1-6).

Disebabkan itu, dosa memasuki hati Adam, dan dia menjadi manusia daging yang tidak dapat lagi berkomunikasi dengan Tuhan. Tuhan juga tidak lagi boleh membiarkan dia tinggal di dalam Taman Eden, dan dia dihalau keluar ke bumi ini. Sewaktu mereka sedang melalui pemupukan manusia (Kejadian 3:23), semua manusia, yang merupakan leluhur Adam, mula mengenali kerelatifan dengan mengalami perkara-perkara yang bertentangan dengan perkara-perkara kasih yang dialami dalam Eden, seperti kebencian, cemburu, kesakitan, kesedihan, penyakit dan kecederaan. Dalam pada itu mereka menjadi semakin berjauhan dengan kasih rohani. Oleh kerana hati mereka tercemar menjadi hati daging disebabkan dosa kasih mereka bertukar menjadi kasih daging.

Begitu lama masa telah berlalu semenjak kejatuhan Adam, dan hari ini, adalah lebih susah untuk menemui kasih rohani di dunia ini. Orang menunjukkan kasih mereka dalam pelbagai cara, tetapi kasih mereka hanya kasih daging yang akan sering berubah. Dengan berlalunya masa dan situasi serta keadaan berubah, mereka mengubah fikiran dan mengkhianati orang tersayang dengan mengejar manfaat untuk diri sendiri. Mereka juga hanya memberi terlebih dahulu apabila memberi itu akan memanfaatkan diri mereka. Jika anda mengharapkan sebanyak mana anda telah memberi, atau jika anda kecewa kerana orang lain tidak memberi kepada anda apa yang anda harapkan, itu adalah kasih daging.

Apabila seorang lelaki dan seorang wanita berpacaran, mereka mungkin mengatakan bahawa mereka 'akan mencintai sesama diri selama-lamanya dan bahawa mereka' tidak boleh hidup tanpa satu sama lain '. Walau bagaimanapun, dalam kebanyakan kes, mereka mengubah fikiran setelah berkahwin. Semakin lama bersama, mereka mula melihat sesuatu yang mereka tidak suka tentang pasangan mereka. Pada masa lalu, segala-galanya kelihatan baik dan mereka berusaha untuk menyenangkan pasangan mereka dalam semua hal, tetapi mereka tidak lagi melakukan itu. Mereka merajuk atau menyusahkan sesama diri. Mereka mungkin marah sekiranya pasangan mereka tidak mahu apa yang mereka mahu. Hanya beberapa dekad yang lalu, penceraian merupakan sesuatu yang jarang berlaku, tetapi kini penceraian berleluasa dan tidak lama selepas bercerai mereka berkahwin semula dengan orang lain. Namun, setiap kali mereka berkata mereka benar-benar mencintai pasangan mereka. Ini lazimnya kasih daging.

Kasih di antara ibu bapa dan anak-anak mereka tidak jauh berbeza. Sudah tentu, sesetengah ibu bapa sanggup menggadaikan nyawa sendiri untuk anak-anak mereka, tetapi walaupun mereka sanggup melakukan sedemikian, ia bukan kasih rohani jika mereka memberikan kasih seperti itu hanya kepada anak-anak mereka sendiri. Jika kita mempunyai kasih rohani, kita bukan sahaja memberikan kasih sebegitu kepada anak-anak kita sendiri tetapi kepada semua orang. Tetapi dengan semakin bertambah kejahatan di dunia ini, sangat jarang untuk menemui ibu bapa yang sanggup mengorbankan nyawa mereka walau demi anak-anak mereka. Ramai ibu-bapa dan anak bermusuhan disebabkan harta ataupun perbezaan pendapat.

Bagaimana dengan kasih di antara adik beradik atau kawan-kawan? Ramai adik-beradik jadi seperti musuh apabila terlibat dengan soal wang. Perkara yang sama juga berlaku di kalangan kawan-kawan. Mereka mengasihi satu sama lain apabila keadaan baik dan mereka saling bersetuju tentang sesuatu. Tetapi kasih mereka boleh berubah bila-bila masa apabila keadaan berubah. Dalam kebanyakan situasi, orang ingin diberikan kembali sebanyak mana mereka memberi. Apabila mereka bersemangat, mereka mungkin memberi tanpa mengharapkan apa-apa. Tetapi apabila semangat itu mula berkurang, mereka menyesal hakikat bahawa mereka tidak menerima apa-apa sebagai balasan. Ini bermakna, mereka sebenarnya mengharapkan sesuatu sebagai balasan. Kasih jenis ini adalah kasih daging.

Kasih rohani memberikan nyawa sendiri

Ia menyentuh hati jika seseorang mengorbankan nyawa sendiri untuk orang lain yang dikasihinya. Tetapi, sekiranya kita tahu bahawa kita terpaksa mengorbankan nyawa kita untuk orang lain adalah susah untuk mengasihi orang tersebut. Sebab inilah kasih manusia mempunyai had.

Terdapat seorang raja dengan anak lelaki yang tampan. Dalam kerajaannya, terdapat seorang pembunuh terkenal yang dijatuhi hukuman mati. Satu-satunya cara untuk penjenayah itu hidup adalah untuk seseorang yang tidak bersalah mati mengganti tempatnya. Di sini, boleh tak raja ini menyerahkan anaknya yang tidak bersalah untuk mati di tempat pembunuh? Perkara seperti itu tidak pernah berlaku sepanjang sejarah manusia. Tetapi Tuhan Maha Pencipta, yang tidak boleh dibandingkan dengan mana-mana raja di atas bumi ini, memberikan anak tunggal-Nya untuk kita. Dia begitu mengasihi kita (Roma 5:8).

Disebabkan dosa Adam, umat manusia terpaksa mengikuti jalan kematian sebagai upah dosa. Untuk menyelamatkan umat manusia dan memimpin mereka ke Syurga, masalah dosa mereka terpaksa diselesaikan. Untuk menyelesaikan masalah dosa yang menjadi penghalang di antara Tuhan dengan umat manusia, Tuhan mengutuskan Anak tunggal-Nya Yesus untuk membayar upah dosa mereka.

Galatia 3:13 berfirman, "Terkutuklah orang yang mati digantung di tiang kayu." Yesus digantung pada salib kayu untuk membebaskan kita daripada sumpahan hukum yang menyatakan bahawa, "Upah dosa adalah kematian" (Roma 6:23). Selain itu, disebabkan tiada pengampunan tanpa pertumpahan darah (Ibrani 9:22), tertumpah semua darah Dia. Yesus menerima hukuman menggantikan tempat kita, dan sesiapa yang beriman kepada Dia boleh diampuni dosa-dosanya dan akan mendapat kehidupan abadi.

Tuhan tahu bahawa bahawa orang-orang berdosa akan menganiaya, mengejek, dan akhirnya menyalibkan Yesus, yang merupakan Anak Tuhan. Walau bagaimanapun, untuk menyelamatkan umat manusia yang berdosa yang telah ditakdirkan untuk jatuh ke dalam kematian yang kekal, Tuhan menghantar Yesus ke bumi ini.

1 Yohanes 4:9-10 berfirman, "Tuhan menyatakan bahawa Dia mengasihi kita dengan mengutus Anak-Nya yang tunggal ke dalam dunia supaya kita memperolehi kehidupan melalui Anak-Nya itu. Inilah kasih, Bukan kita yang sudah mengasihi Tuhan, tetapi Tuhan yang mengasihi kita dan mengutus Anak-Nya supaya melalui Dia kita mendapat pengampunan atas dosa-dosa kita."

Tuhan mengesahkan kasih-Nya terhadap kita dengan memberikan Anak Tunggal-Nya Yesus untuk mati di atas salib. Yesus menunjukkan kasih-Nya dengan mengorbankan diri-Nya di salib untuk menebus manusia daripada dosa-dosa mereka. Kasih Tuhan ini, yang ditunjukkan dengan memberikan Anak-Nya, adalah kasih abadi yang tidak berubah dan memberikan kehidupan semua seseorang walaupun hingga ke titisan darah terakhir.

Kasih sejati terhadap Tuhan

Bolehkah kita juga memiliki tahap kasih seperti itu? 1 Yohanes 4:7-8 berfirman, "Saudara-saudara yang tercinta! Marilah kita mengasihi satu sama lain, sebab kasih berasal dari Tuhan. Orang yang mengasihi, adalah anak Tuhan dan ia mengenal Tuhan. Orang yang tidak mengasihi, tidak mengenal Tuhan; sebab Tuhan adalah kasih."

Jika kita tidak tahu hanya sebagai pengetahuan kepala, tetapi merasa dalam hati dengan mendalam jenis kasih yang Tuhan telah memberikan kepada kita, kita secara semulajadi akan benar-benar mengasihi Tuhan. Dalam kehidupan Kristian kita, kita mungkin menghadapi ujian yang sukar untuk menanggung, atau kita mungkin menghadapi situasi di mana kita boleh kehilangan semua harta benda dan perkara-perkara yang berharga kepada kami kami. Malah dalam situasi seperti itu, hati kita tidak boleh patah selagi kita mempunyai kasih sebenar di dalam diri kita.

Saya hampir kehilangan ketiga-tiga anak perempuan tersayang saya. Lebih 30 tahun lalu di Korea, kebanyakan orang menggunakan briket arang batu untuk pemanasan. Gas karbon monoksida daripada arang sering menyebabkan kemalangan. Ini berlaku sejurus selepas membuka gereja dan tempat tinggal saya adalah di ruang bawah tanah bangunan gereja. Tiga anak perempuan saya, dan seorang lagi pemuda mengalami keracunan gas karbon monoksida. Mereka telah terhidu gas tersebut sepanjang malam, dan kelihatan seperti mereka tiada harapan untuk pulih.

Melihat anak-anak perempuan saya yang tidak sedar, saya tidak mempunyai sebarang kesedihan atau rungutan. Saya hanya bersyukur sambil berfikir bahawa mereka akan tinggal dengan aman di Syurga yang indah di mana tidak wujud tangisan, kesedihan atau kesakitan. Tetapi disebabkan pemuda itu hanya seorang ahli gereja, saya memohon pada Tuhan supaya menyedarkan dia supaya Tuhan tidak dimalukan. Saya meletakkan tangan pada pemuda itu dan berdoa untuknya. Kemudian, saya berdoa untuk anak perempuan saya yang bongsu.

Sewaktu saya sedang berdoa untuk dia, pemuda itu sedar. Sambil saya berdoa untuk anak perempuan yang kedua, anak bongsu sedar. Tidak lama lagi, anak perempuan kedua dan pertama turut sedar. Mereka tidak menderita akibat apa-apa kesan sampingan dan mereka sihat sehingga ke hari ini. Ketiga-tiga mereka berkhidmat sebagai pastor gereja.

Jika kita mengasihi Tuhan, kasih kita tidak akan berubah dalam apa jua keadaan. Kita telah menerima kasih-Nya apabila dia mengorbankan Satu-satunya Anak Lelaki-Nya, dan oleh itu kita tidak mempunyai sebab untuk menolak Dia atau meragui kasih-Nya. Kita hanya boleh mengasihi Dia dengan hati yang tidak berubah. Kita hanya boleh menyakini kasih Dia sepenuhnya dan beriman kepada Dia dengan kehidupan kita.

Sikap ini tidak akan berubah apabila kita juga menjaga jiwa lain. 1 Yohanes 3:16 berfirman, "Demikianlah kita ketahui kasih Kristus, Kristus sudah menyerahkan hidup-Nya untuk kita. Sebab itu, kita juga harus menyerahkan hidup kita untuk saudara-saudara kita." Sekiranya kita memupuk kasih yang sebenar terhadap Tuhan, kita akan mengasihi saudara-saudara kita dengan kasih yang sebenar. Ini bermakna kita tidak akan mempunyai keinginan untuk mencari manfaat untuk diri sendiri, oleh itu kita akan memberikan segala-galanya yang kita mampu tanpa mengharapkan apa-apa dibalas. Kita akan mengorbankan diri dengan niat yang ikhlas dan memberikan semua harta kita demi orang lain.

Saya telah melalui begitu banyak dugaan sepanjang saya mengikuti jalan keimanan sehingga ke hari ini. Saya telah dikhianati oleh mereka yang menerima begitu banyak benda daripada saya, atau mereka yang saya telah menganggap seperti ahli keluarga saya sendiri. Kadang-kadang orang tidak memahami saya dan menuding jari kepada saya.

Namun begitu, saya hanya melayan mereka dengan kebaikan. Saya menyerahkan semua yang berlaku ke tangan Tuhan dan berdoa bahawa Dia akan mengampuni orang-orang seperti itu dengan kasih sayang dan belas kasihan-Nya. Saya tidak membenci walau mereka yang menyebabkan begitu banyak kesusahan kepada gereja dan kemudiannya pergi. Saya hanya mahu mereka bertaubat dan kembali. Apabila orang-orang itu melakukan begitu banyak kejahatan, ia menyebabkan dugaan yang perit kepada diri saya. Namun begitu, saya hanya melayan mereka dengan kebaikan kerana saya yakin bahawa Tuhan mengasihi saya, dan kerana saya mengasihi mereka dengan kasih Tuhan.

Untuk memiliki buah kasih

Kita boleh memiliki buah kasih sepenuhnya sejauh mana kita menyucikan hati kita dengan membuang dosa, kacau bilau dan kejahatan dari hati kita. Kasih sebenar boleh terbit daripada hati yang bebas daripada kejahatan. Jika kita memiliki kasih sejati, kita boleh memberikan ketenteraman kepada orang lain setiap masa dan tidak akan menyusahkan atau membebani orang lain. Kita juga akan memahami hati orang lain dan berkhidmat kepada mereka. Kita juga akan mampu memberikan kegembiraan dan membantu membiarkan jiwa mereka berkembang supaya kerajaan Tuhan dapat diperluaskan.

Di dalam Alkitab, kita dapat melihat jenis kasih yang dipupuk oleh nenek moyang iman. Musa mengasihi umatnya, Israel, begitu banyak sehingga dia ingin menyelamatkan mereka walaupun tindakan itu akan mengakibatkan nama dia dipadam daripada buku kehidupan (Keluaran 32:32).

Hawari Paulus juga mengasihi Yesus dengan hati yang tidak berubah bermula pada saat mereka bertemu. Dia menjadi hawari kepada kaum

Bukan Yahudi, dan menyelamatkan ramai orang serta mengasaskan gereja-gereja sewaktu perjalanan tiga misi dia. Walaupun perjalanan dia memenatkan, dan penuh bahaya, dia berdakwah tentang Yesus Kristus sehingga dia mati syahid di Roma.

Sering terjadi ancaman terhadap nyawa dia dan penindasan daripada kaum Yahudi. Dia dipukul dan dimasukkan dalam penjara. Dia hanyut di laut semalam dan sehari selepas ditimpa nahas kapal. Walau bagaimanapun, dia tidak pernah menyesal dengan haluan yang dia memilih. Dia lebih mengambil berat tentang gereja dan jemaah berbanding dengan dirinya sendiri walaupun dia sedang mengalami pelbagai kesusahan.

Dia menyatakan perasaan dia di dalam 2 Korintus 11:28-29, yang berbunyi, "Di samping semuanya itu, setiap hari saya cemas juga akan keadaan semua jemaat. Jika ada orang merasa lemah, tidakkah aku turut merasa lemah? Jika ada orang tersadung, tidakkah hatiku hancur oleh dukacita?"

Hawari Paulus tidak sanggup gadaikan nyawa sendiri kerana dia mempunyai kasih yang membara untuk jiwa umatnya. Kasih yang hebat ini digambarkan di dalam Roma 9:3. Ia berbunyi, "Bahkan, aku mahu terkutuk dan terpisah dari Kristus demi saudara-saudaraku, kaum sebangsa aku secara jasmani." Di sini, 'kaum sebangsa' bukan bermaksud ahli keluarga ataupun saudara mara. Ia merujuk kepada semua kaum Yahudi termasuk mereka yang menindas dia.

Dia rela masuk ke neraka menggantikan tempat mereka, andainya ia dapat menyelamatkan mereka itu. Inilah jenis kasih dia memiliki. Juga, seperti tertulis di dalam Yohanes 15:13, "Orang yang paling mengasihi sahabat-sahabatnya adalah orang yang memberi hidupnya untuk mereka," hawari Paulus membuktikan tahap kasih tertingginya dengan mati syahid.

Sesetengah orang berkata mereka mengasihi Tuhan tetapi mereka tidak mengasihi saudara seagama. Saudara-saudara tersebut bukannya musuh-musuh mereka malah tidak meminta mereka dibunuh. Tetapi mereka mempunyai konflik dan menyimpan perasaan syak wasangka sesama diri mereka disebabkan perkara-perkara remeh. Walaupun ketika melakukan kerja-kerja Tuhan, mereka mempunyai perasaan tidak puas hati apabila mereka berbeza pendapat. Sesetengah orang bersifat sensitif tentang orang lain yang jiwa mereka sedang beransur-ansur pudar dan mati. Jadi, boleh tak kita kata orang seperti itu mengasihi Tuhan?

Pernah saya berkhutbah di hadapan seluruh jemaah. Saya berkata, "Jika saya boleh menyelamatkan seribu jiwa, saya sanggup menggantikan tempat mereka di Neraka." Sudah tentu saya sangat arif tentang bagaimana keadaan di Neraka. Saya tidak akan melakukan perkara yang akan mengakibatkan saya masuk ke dalam Neraka. Tetapi jika saya boleh menyelamatkan jiwa-jiwa mereka daripada jatuh ke dalam neraka, saya sanggup menggantikan tempat mereka.

Seribu jiwa itu mungkin termasuk beberapa ahli gereja kita. Mungkin pemimpin gereja atau ahli yang tidak memilih kebenaran tetapi mengambil jalan kematian walau selepas mendengar firman kebenaran dan menyaksikan kerja-kerja kuasa Tuhan. Selain itu, mereka mungkin antara mereka yang menganiaya gereja kami dengan ketidakfahaman dan rasa cemburu mereka. Ataupun, mungkin mereka jiwa-jiwa yang di Afrika yang kelaparan disebabkan perang saudara, kebuluran dan kemiskinan.

Sama seperti Yesus mati untuk saya, saya juga sanggup

mengorbankan nyawa saya demi mereka. Ia bukan kerana saya mengasihi mereka sebagai sebahagian daripada tugas saya, hanya kerana Firman Tuhan mengatakan kita perlu mengasihi. Saya memberikan nyawa dan tenaga saya hari demi hari untuk menyelamatkan mereka, kerana saya mengasihi mereka lebih daripada nyawa saya sendiri dan bukan hanya dengan kata-kata. Saya memberikan kehidupan saya kerana saya tahu ia adalah keinginan terbesar Tuhan Bapa yang mengasihi saya.

Hati saya dipenuhi dengan pemikiran seperti, 'Bagaimana saya boleh berdakwah Injil di lebih banyak tempat?' 'Bagaimana saya boleh menunjukkan kerja-kerja Tuhan yang lebih hebat supaya lebih ramai orang akan beriman?' 'Bagaimana saya boleh membolehkan mereka memahami bahawa dunia ini tidak bermakna dan memimpin mereka untuk berpegang kepada kerajaan syurgawi?'

Marilah kita merenung kembali diri kita untuk melihat betapa banyak kasih Tuhan terpahat di dalam diri kita. Disebabkan kasih itu Dia memberikan nyawa satu-satunya Anak Lelaki-Nya. Sekiranya kita dipenuhi kasih-Nya, kita akan mengasihi Tuhan dan jiwa-jiwa lain dengan sepenuh hati kita. Inilah kasih sejati. Sekiranya kita memupuk kasih ini sepenuhnya, kita mampu memasuki Yerusalem Baru yang merupakan kristaloid kasih. Saya berharap anda semua akan berkongsi kasih abadi dengan Tuhan Bapa dan Yesus di situ.

Filipi 4:4

"Bersukacitalah sentiasa dalam Tuhan! Sekali lagi ku katakan: Bersukacitalah!"

Bab 3

Kegembiraan

Buah kegembiraan

Sebab-sebab mengapa kegembiraan kasih pertama hilang

Apabila kegembiraan rohani dimiliki

Jika anda ingin memiliki buah kegembiraan

Berkabung walaupun telah memiliki buah kegembiraan

Sentiasa bersifat positif dan mengejar kebaikan dalam semua hal

Kegembiraan

Gelak ketawa melegakan tekanan, kemarahan, dan ketegangan dan dengan itu dapat menyumbang kepada pencegahan serangan jantung dan kematian mengejut. Ia juga meningkatkan imuniti badan, jadi ia mempunyai kesan-kesan positif dalam pencegahan jangkitan seperti selesema atau juga penyakit seperti kanser dan penyakit-penyakit lain yang berkait rapat dengan gaya hidup. Gelak ketawa sudah tentu mempunyai kesan yang sangat positif ke atas kesihatan kita, dan Tuhan juga memberitahu kita supaya sentiasa bergembira. Mungkin ada yang berkata, "Bagaimana saya boleh bergembira apabila tiada apa-apa perkara yang menggembirakan?" Tetapi, mereka yang beriman boleh sentiasa bergembira dalam Yesus kerana mereka percaya Tuhan akan membantu mereka mengatasi kesusahan, dan akhirnya akan dibimbing ke kerajaan syurgawi di mana wujudnya kegembiraan abadi.

Buah kegembiraan

Kegembiraan adalah "kebahagiaan yang sengit khususnya kebahagiaan yang amat sangat atau terserlah." Namun, kegembiraan rohani tidak terbatas kepada menjadi sangat bahagia. Orang yang tidak beriman juga bergembira apabila keadaan baik, tetapi ini hanya sementara. Kegembiraan mereka hilang apabila keadaan menjadi sukar. Tetapi jika memiliki buah kegembiraan di dalam hati, kita mampu bergembira dalam apa jua keadaan.

1 Tesalonika 5:16-18 berfirman, "Hendaklah kalian selalu bergembira; dan berdoalah senantiasa; Dalam segala keadaan hendaklah kalian bersyukur, sebab itulah yang Tuhan inginkan dari kalian sebagai orang yang hidup bersatu dengan Kristus Yesus." Kegembiraan rohani bermaksud sentiasa bergembira dalam apa jua keadaan. Kegembiraan adalah salah satu kategori yang paling jelas yang dengannya kita boleh mengukur dan menilai jenis kehidupan Kristian jenis apa kita sedang menjalani.

Sesetengah orang yang beriman berjalan di jalan Yesus dengan kegembiraan dan kebahagiaan sepanjang masa sementara yang lain tidak benar-benar mempunyai kegembiraan yang sebenar dan kesyukuran yang terbit dari hati mereka, walaupun mereka mungkin berusaha keras dalam keimanan mereka. Mereka menghadiri servis ibadat, berdoa, dan memenuhi tugas gereja mereka, tetapi mereka melakukan semua aktiviti-aktiviti ini seolah-olah mereka hanya sekadar memenuhi kewajipan tanpa perasaan. Dan sekiranya mereka menghadapi sebarang masalah, mereka kehilangan sedikit keamanan yang mereka miliki dan hati mereka berkecai disebabkan keresahan.

Sekiranya terdapat masalah yang anda tidak boleh selesaikan dengan kekuatan anda, saat inilah anda boleh memeriksa sama ada anda benar-benar bergembira daripada lubuk hati anda. Dalam situasi seperti itu, kenapa anda tidak mencerminkan diri? Ia juga boleh menjadi ukuran untuk memeriksa sejauh mana and atelah memiliki buah kegembiraan. Hakikatnya, hanya rahmat Yesus Kristus menyelamatkan kita dengan darah Dia adalah sebab yang cukup untuk kita sentiasa bergembira. Kita ditakdirkan jatuh ke dalam api abadi di Neraka, tetapi melalui darah Yesus Kristus kita dibolehkan memasuki kerajaan syurgawi yang dipenuhi dengan kebahagiaan dan keamanan. Fakta ini dengan sendirinya boleh memberikan kita kebahagiaan yang tidak terkata.

Selepas Keluaran apabila anak-anak lelaki Israel menyeberangi Lautan Merah seolah-olah ia daratan dan bebas daripada tentera Mesir yang mengejar mereka, bagaimana hebatnya mereka bergembira? Dipenuhi kegembiraan para wanita menari dengan rebana dan semua orang memuliakan Tuhan (Keluaran 15:19-20).

Begitu juga, apabila seseorang menerima Tuhan, dia mempunyai kegembiraan yang tidak terkata disebabkan telah diselamatkan, dan dia sentiasa boleh menyanyi dengan pujian di bibirnya walaupun dia letih selepas seharian bekerja keras. Walaupun dia ditindas kerana nama Yesus atau mengalami kesusahan tanpa sebab yang patut, dia hanya bergembira berfikir tentang kerajaan syurga. Jika kegembiraan ini dikekalkan berterusan, dia tidak lama lagi akan memiliki buah kegembiraan sepenuhnya.

Sebab-sebab mengapa kegembiraan kasih pertama hilang

Namun dalam realiti, tidak ramai orang mengekalkan kegembiraan kasih pertama mereka. Setelah beberapa lama menerima Yesus, kegembiraan tersebut hilang dan emosi mereka berkaitan dengan kemuliaan penyelamatan tidak lagi sama seperti dahulu. Dahulu, mereka bergembira berfikir tentang Yesus walaupun berhadapan dengan kesusahan, tetapi kemudian mereka mula mengeluh dan merungut apabila keadaan berubah menjadi susah. Ia seperti anak-anak lelaki Israel yang dengan cepat melupakan kegembiraan mereka setelah menyeberangi Lautan Merah dan merungut terhadap Tuhan serta menentang Musa kerana kesusahan yang remeh.

Kenapa orang berubah begini? Ini disebabkan mereka mempunyai daging di dalam hati mereka. Daging di sini mempunyai maksud rohani. Ia merujuk kepada sifat-sifat yang bertentangan dengan roh. 'Roh' ialah sesuatu yang merupakan milik Tuhan Maha Pencipta, yang indah dan tidak pernah berubah, manakala 'daging' adalah sifat-sifat perkara-perkara yang telah terputus daripada Tuhan. Ianya adalah perkara-perkara yang akan musnah, rosak, dan hilang. Oleh itu, semua jenis dosa seperti kekacauan, kejahatan, dan ketidakbenaran adalah daging. Mereka yang memiliki sifat-sifat daging akan kehilangan kegembiraan yang dahulunya memenuhi hati mereka. Selain itu, disebabkan mereka telah berubah sifat, iblis musuh dan Syaitan cuba untuk menyebabkan keadaan menjadi tidak baik dengan merangsangkan sifat yang sedang berubah itu.

Hawari Paulus dipukul dan dipenjarakan ketika menyebarkan Injil. Tetapi sambil dia berdoa dan memuliakan Tuhan tanpa risau tentang apa-apa, satu gempa bumi yang dahsyat berlaku dan pintu-pintu penjara terbuka. Tambahan pula, melalui kejadian ini, dia dapat menyebarkan agama Kristian kepada ramai orang yang tidak beriman. Dia tidak kesedihan mengalami kesusahan, dan dia menasihati orang-orang yang beriman supaya "Bersukacitalah sentiasa dalam Tuhan! Sekali lagi ku katakan: Bersukacitalah! Hendaklah semua orang dapat melihat sikapmu yang baik hati. Tuhan sudah dekat. Janganlah khuatir mengenai apa pun. Dalam segala hal, berdoalah dan ajukanlah permintaanmu kepada Tuhan" (Filipi 4:4-6).

Sekiranya anda berada di dalam situasi terdesak seolah-olah anda sedang berpaut pada tebing curam, kenapa anda tidak menawarkan doa kesyukuran seperti Hawari Paulus? Tuhan akan senang dengan tindakan beriman anda dan Dia akan memberikan anda yang terbaik dalam segala hal.

Apabila kegembiraan rohani dimiliki

Daud bertarung di medan peperangan demi negara dia sewaktu dia masih belia lagi. Dia berkhidmat dengan cemerlang dalam banyak peperangan yang berlainan. Apabila Raja Saul menderita akibat roh-roh jahat, dia bermain alat muzik hap untuk menenangkan raja tersebut. Dia tidak pernah melanggar perintah daripada raja. Walau bagaimanapun, Raja Saul tidak bersyukur atas perkhidmatan Daud, tetapi sebaliknya dia membenci Daud kerana rasa cemburu terhadap dia. Disebabkan Daud disayangi oleh rakyat, Saul takut takhta dia akan dirampas, jadi dia mengejar Daud dengan tenteranya untuk membunuh dia.

Dalam situasi seperti itu Daud terpaksa melarikan diri daripada Saul. Pernah sekali, demi keselamatan sendiri, dia terpaksa meleleh air liur dan berpura-pura seperti orang yang terencat akal. Bagaimana anda akan rasa sekiranya anda berada di tempat dia? Daud tidak pernah bersedih sebaliknya hanya bergembira. Dia melafazkan iman dia kepada Tuhan dengan mazmur yang indah.

"TUHAN bagaikan gembala bagiku, aku tidak kekurangan.
Dia membaringkan aku di padang rumput hijau;
Dia membimbing aku ke air yang tenang.

Dia menyegarkan jiwaku;
Dia membimbing aku ke jalan yang benar
Oleh kerana nama-Nya.
Meskipun aku melalui
lembah yang gelap,
Aku tidak takut bahaya, sebab Engkau menemani aku;
Engkau melindungi aku dengan tongkat dan gada-Mu.
Engkau menyediakan hidangan bagiku
di hadapan lawanku;
Engkau mengurapi kepalaku dengan minyak;
Cawanku penuh melimpah. Kebajikan dan kemurahan
belaka akan mengikuti aku
seumur hidupku,
dan aku akan diam dalam rumah TUHAN sepanjang masa."
(Mazmur 23:1-6).

Realitinya bagaikan jalan yang berduri, tetapi Daud memiliki sesuatu yang hebat di dalam dirinya. Ini adalah kasih membara dia terhadap Tuhan serta kepercayaan yang tidak pernah berubah. Tidak ada apa-apa yang dapat merampas kebahagiaan yang timbul daripada lubuk hati dia. Daud sememangnya orang yang mempunyai buah kegembiraan.

Selama empat puluh satu tahun semenjak saya menerima Yesus, saya tidak pernah kehilangan kegembiraan kasih pertama. Saya masih menjalani setiap hari dengan kesyukuran. Saya telah menderita akibat pelbagai penyakit selama tujuh tahun, tetapi kuasa Tuhan menyembuhkan semua penyakit itu sekaligus. Dengan serta merta saya menjadi seorang Kristian dan mula bekerja di tapak pembinaan. Saya mempunyai peluang untuk mendapatkan kerja yang lebih baik tetapi saya memilih untuk melakukan kerja buruh kerana ia membolehkan saya mentaati kesucian Hari Tuhan.

Setiap pagi saya bangun pada pukul empat dan menghadiri

perjumpaan doa fajar. Kemudian saya pergi bekerja dengan membawa makanan tengah hari yang telah dibungkus. Ia mengambil masa satu setengah jam untuk sampai di tempat kerja dengan menaiki bas. Saya terpaksa bekerja daripada pagi sampai ke petang tanpa rehat yang mencukupi. Ia merupakan kerja yang benar-benar keras. Saya tidak pernah melakukan kerja keras sebelum dan tambahan kepada itu saya telah bertahun-tahun sakit, jadi kerja itu tidak mudah bagi saya.

Saya biasanya balik sekitar pukul sepuluh malam, selepas kerja. Saya membersihkan diri, makan malam, membaca Alkitab dan berdoa sebelum saya tidur sekitar tengah malam. Isteri saya juga melakukan jualan pintu ke pintu untuk mencari nafkah, tetapi susah untuk kami membayar bunga hutang kami yang telah bertimbun sepanjang waktu saya sakit. Secara harafiah, kami hampir tidak mampu menyara diri kami setiap hari. Walaupun saya berada di dalam keadaan kewangan yang susah, hati saya sentiasa dipenuhi dengan kegembiraan dan saya berkhutbah Injil setiap hari setiap kalis aya berpeluang.

Saya akan berkata, "Tuhan itu Hidup! Lihat lah saya! Saya hanya menunggu kematian, tetapi saya telah disembuhkan sepenuhnya oleh kuasa Tuhan dan saya telah menjadi sihat seperti ini!"

Hakikatnya, keadaan sangat susah dan mencabar dari segi kewangan, tetapi saya sentiasa berterima kasih kerana kasih Tuhan yang menyelamatkan saya daripada kematian. Hati saya juga dipenuhi dengan harapan syurga. Selepas saya menerima seruan Tuhan untuk menjadi pastor, saya menderita akibat banyak kesusahan dan perkara-perkara yang tidak adil yang biasanya tidak dapat ditanggung oleh seseorang, namun kegembiraan dan kesyukuran saya tidak pernah berhenti membara.

Bagaimana ia mungkin? Ia adalah kerana kesyukuran hati melahirkan lebih banyak kesyukuran. Saya sentiasa mencari perkara-perkara untuk bersyukur dan menawarkan doa kesyukuran kepada Tuhan. Dan bukan hanya doa kesyukuran, saya juga suka memberikan persembahan kesyukuran kepada Tuhan. Sebagai tambahan kepada persembahan kesyukuran yang saya persembahkan kepada Tuhan di setiap servis ibadat, saya dengan tekun memberikan persembahan sebagai tanda berterima kasih kepada Tuhan untuk perkara-perkara lain. Saya bersyukur untuk ahli-ahli gereja yang membesar dalam iman; kerana membenarkan saya memberi kemuliaan kepada Tuhan melalui perhimpunan di luar negara bersaiz mega; kerana memberi pertumbuhan kepada gereja, dan lain-lain saya suka mencari keadaan-keadaan untuk kesyukuran.

Jadi, Tuhan memberikan saya rahmat dan kemuliaan tanpa henti supaya saya boleh terus bersyukur. Sekiranya saya hanya memberi kesyukuran ketika keadaan baik dan tidak bersyukur ketika tetapi merungut ketika keadaan tidak baik, saya tidak akan memiliki kegembiraan yang saya menikmati sekarang.

Jika anda ingin memiliki buah kegembiraan

Pertama sekali, anda harus membuang daging.

Sekiranya kita tidak mempunyai rasa iri-hati atau cemburu, kita akan bergembira apabila orang lain dipuji atau dirahmati. Sebaliknya, kita akan rasa kurang senang melihat orang lain lebih berjaya sehingga kita mula berasa iri hati dan cemburu. Kita mungkin mempunyai perasaan kurang senang terhadap orang lain, atau kita kehilangan kegembiraan dan menjadi patah hati kerana kita mungkin berasa rendah diri berbanding orang lain sehingga sehingga mereka dipandang tinggi.

Selain itu, jika kita tidak mempunyai kemarahan atau kebencian, kita hanya akan mempunyai keamanan walaupun kita dilayani dengan kasar atau dicederakan. Kita menjadi geram dan kecewa kerana kita mempunyai daging di dalam diri kita. Daging ini lah beban yang menjadikan kita berasa berat hati. Jika kita mempunyai kecenderungan untuk mengejar manfaat sendiri, kita akan berasa kurang senang dan sakit hati apabila keadaan seolah-olah orang lain mendahului kita.

Disebabkan kita memiliki ciri-ciri daging di dalam diri kita, musuh Iblis dan Syaitan mengacum sifat-sifat daging ini untuk menimbulkan keadaan-keadaan di mana kita tidak boleh bersyukur. Selagi kita mempunyai daging, kita tidak boleh mempunyai iman rohani, dan kita akan bertambah resah dan risau kerana tidak boleh bergantung kepada Tuhan. Tetapi mereka yang bergantung kepada Tuhan akan bergembira walaupun mereka tidak mempunyai apa-apa untuk makan hari ini. Ini adalah kerana Tuhan telah berjanji kepada kita bahawa Dia akan memberikan apa sahaja yang kita memerlukan apabila kita mula-mula mencari kerajaan Dia dan juga kebenaran (Matius 6:31-33).

Mereka yang beriman akan menyerahkan segala hal ke dalam tangan Tuhan melalui doa kesyukuran di dalam apa pun jenis kesusahan. Mereka akan mencari kerajaan Tuhan dan kebenaran dengan hati yang tenang kemudian meminta apa yang diperlukan. Tetapi mereka yang tidak bergantung kepada Tuhan sebaliknya bergantung kepada fikiran dan rancangan tersendiri tidak boleh berhenti menjadi resah. Mereka yang mengusahakan perniagaan boleh dibimbing ke arah kemakmuran dan menerima rahmat jikalau mereka boleh mendengar suara Roh Kudus dengan jelas dan mengikutinya. Tetapi selagi mereka tamak, kurang bersabar, berfikiran ketidakbenaran, mereka tidak boleh mendengar suara Roh Kudus dan mereka akan ditimpa kesusahan. Sebagai kesimpulan, sebab asasi kenapa kita kehilangan kegembiraan adalah sifat-sifat daging yang kita mempunyai di dalam hati. Kita akan mempunyai lebih banyak kegembiraan rohani dan kesyukuran, dan semua perkara akan berjalan dengan baik untuk kita sehingga kita dapat membuang daging daripada hati kita.

Kedua, kita mesti ikuti kehendak-kehendak Roh Kudus dalam semua perkara.

Kebahagiaan yang kita mencari bukan kebahagiaan duniawi tetapi kebahagiaan yang datang dari atas, khususnya kebahagiaan Roh Kudus. Kita hanya boleh berseronok dan bergembira apabila Roh Kudus yang mendiami di dalam diri kita bergembira. Paling penting, kegembiraan yang sebenar datang apabila kita menyembah Tuhan dengan hati kita, berdoa kepada dan memuji-Nya, dan menjaga Firman-Nya.

Juga, jika kita menyedari kelemahan kita melalui inspirasi Roh Kudus dan memperbaikinya, betapa gembira kita menjadi! Kita lebih cenderung menjadi bahagia dan bersyukur apabila kita menjumpai 'diri' kita yang berbeza daripada diri kita yang sebelumnya. Kegembiraan yang diberikan oleh Tuhan tidak boleh dibandingkan dengan kegembiraan dunia ini, dan tiada sesiapa yang boleh merampasnya.

Bergantung kepada jenis-jenis pilihan yang kita melakukan dalam kehidupan harian kita, kita mungkin mengikuti kehendak-kehendak Roh Kudus atau kehendak-kehendak daging. Sekiranya kita mengikuti kehendak-kehendak Roh Kudus setiap saat, Roh Kudus bergembira di dalam diri kita dan memenuhi kita dengan kebahagiaan. 3 Yohanes 1:4 berfirman, "Bagiku tidak ada sukacita yang lebih besar daripada mendengar, bahawa anak-anakku hidup dalam kebenaran." Seperti yang tertulis, Tuhan bergembira dan memberikan kita kebahagiaan dalam kepenuhan Roh Kudus apabila kita melakukan kebenaran.

Sebagai contoh, jika keinginan untuk mengejar manfaat diri sendiri dan keinginan untuk mengejar manfaat orang lain bercanggah dengan satu sama lain, dan konflik ini berterusan, kita akan kehilangan kegembiraan. Jadi, jika kita akhirnya mengejar manfaat diri kita sendiri, ia seolah-olah kita boleh mengambil apa yang kita mahu, tetapi kita tidak akan mencapai kegembiraan rohani . Sebaliknya, kita akan mengalami kepedihan hati nurani atau kesusahan yang melanda dalam hati. Sebaliknya, sekiranya kita mengejar manfaat untuk orang lain, mungkin kelihatan seolah-olah kita mengalami kerugian ketika itu, tetapi kita akan memperolehi kegembiraan dari atas kerana Roh Kudus bergembira. Hanya mereka yang telah merasai kegembiraan seperti itu akan memahami betapa bagusnya. Ia adalah jenis kebahagiaan yang sesiapa di dunia ini tidak boleh memberikan mahupun memahami.

Terdapat kisah dua adik-beradik. Yang abang tidak pernah mengemas pinggan mangkuk selepas makan. Jadi, yang adik sentiasa perlu mengemaskan meja setiap kali selepas makan, dan membuatkan dia berasa tidak selesa. Pada satu hari, selepas abang selesai makan dan mahu beredar, si adik berkata, "Anda perlu membasuh pinggan mangkuk anda sendiri." "Anda boleh mencucinya," jawab si abang dan terus beredar ke dalam bilik dia. Si adik tidak suka dengan kejadian tersebut, tetapi abang dia telah pun beredar.

Si adik mengetahui bahawa abang dia tidak biasa membasuh pinggan mangkuk sendiri. Jadi, adik itu boleh membuatkan abang dia gembira dengan mencuci semua pinggan mangkuk itu sendiri. Jadi, anda mungkin berfikir yang muda akan sentiasa perlu membasuh pinggan mangkuk, dan yang abang tidak akan cuba untuk menyelesaikan masalah. Tetapi jika kita bertindak dalam kebaikan, Tuhan lah yang akan melakukan perubahan. Tuhan akan mengubah hati si abang supaya dia berfikir, 'Saya menyesal saya memaksa adik saya membasuh pinggan mangkuk setiap kali. Mulai sekarang, Saya akan membasuh pinggan mangkuk kami berdua.'

Seperti di dalam ilustrasi itu, jika kita mengikuti kehendak daging hanya kerana kepentingan wang, kita akan sentiasa mempunyai ketidakselesaan dan pertengkaran. Tetapi kita akan mempunyai kebahagiaan jika kita berkhidmat untuk orang lain dari hati mengikuti kehendak Roh Kudus.

Prinsip-prinsip yang sama boleh diguna pakai dalam semua hal yang lain. Dahulu mungkin anda telah mengadili orang lain dengan piawaian sendiri, tetapi jika anda mengubah hati anda dan memahami orang lain alam kebenaran, anda akan memiliki ketenteraman. Bagaimana pula apabila anda bertemu dengan seseorang yang mempunyai personaliti yang sangat berbeza daripada anda atau seseorang yang berpendapat yang sangat berbeza daripada anda? Adakah anda cuba mengelakkan dia, atau adakah anda dengan mesra menyambut dia dengan senyuman? Pada pandangan orang-orang tidak beriman, mungkin lebih selesa bagi mereka untuk hanya mengelak dan mengabaikan orang-orang yang mereka tidak suka daripada cuba untuk berbuat baik kepada mereka.

Tetapi orang-orang yang mengikuti kehendak Roh Kudus akan tersenyum pada orang itu dengan hati sedia berkhidmat. Apabila kita meletakkan diri kita dalam risiko kematian setiap hari dengan niat untuk memberi keselesaan kepada orang lain (1 Korintus 15:31), kita akan mengalami keamanan dan kegembiraan yang sebenar dari atas. Tambahan pula, kita akan dapat menikmati keamanan dan kegembiraan sepanjang masa, jika kita tidak mempunyai perasaan bahawa kita tidak suka seseorang atau personaliti seseorang itu tidak sepadan dengan kita.

Katakan anda mendapat panggilan dari seorang pemimpin gereja untuk menemani beliau untuk melawat ahli gereja yang terlepas servis Ahad, atau andaikan anda diminta untuk mengajar Injil kepada orang tertentu pada hari cuti yang anda jarang dapat. Satu sudut hati anda ingin berehat, manakala sudut lain mendorong anda untuk melakukan kerja Tuhan. Terpulang kepada kehendak sendiri untuk memilih salah satu, tetapi tidur dengan banyak dan menjadikan badan anda selesa tidak semestinya akan memberikan anda kebahagiaan.

Anda boleh merasa kepenuhan Roh Kudus dan kegembiraan apabila anda memberikan masa dan harta benda anda untuk melakukan kerja-kerja Tuhan. Dan apabila anda berulang kali mengikuti hawa Roh Kudus, anda bukan sahaja akan mempunyai kegembiraan rohani yang meningkat tetapi hati anda juga akan semakin berubah menjadi hati kebenaran. Pada tahap itu, anda akan memiliki buah kegembiraan yang telah masak, dan muka anda akan berseri dengan cahaya rohani.

Ketiga, kita perlu menyemai benih kegembiraan dan kesyukuran dengan tekun.

Untuk seseorang petani menuai buah-buahan pada musim menuai, dia perlu menyemai benih dan menjaganya. Dengan cara yang sama, untuk memiliki buah kegembiraan, kita perlu bersungguh-sungguh melihat kepada syarat-syarat kesyukuran dan menawarkan pengorbanan kesyukuran kepada Tuhan. Jika kita adalah anak-anak Tuhan yang beriman, terdapat banyak perkara yang kita boleh bergembira!

Pertama, kita mempunyai kegembiraan penyelamatan yang tidak boleh digantikan dengan apa-apa. Selain itu, Tuhan yang baik adalah Bapa kita, dan Dia menjaga anak-anakNya yang hidup dalam kebenaran serta menunaikan apa sahaja permintaan mereka. Jadi, betapa gembiranya kita? Jika kita hanya menjaga kesucian Hari Tuhan dan membayar Persepuluh yang sepatutnya, kita tidak akan berdepan dengan malapetaka atau kemalangan sepanjang tahun. Jika kita tidak melakukan dosa dan mentaati perintah Tuhan, serta bekerja ikhlas untuk kerajaan-Nya, maka, kita akan sentiasa mendapat rahmat.

Walaupun kita mungkin menghadapi beberapa kesusahan, penyelesaian kepada semua jenis masalah boleh dijumpai di dalam enam puluh enam buku Alkitab. Jika kesukaran itu disebabkan oleh salah laku kita sendiri, kita boleh bertaubat dan berpaling daripada kelakuan seperti itu supaya Tuhan merahmati kita dan memberikan kita jawapan untuk menyelesaikan masalah tersebut. Apabila kita merenung kembali diri kita, jika hati kita tidak mengutuk kita, kita boleh bergembira dan bersyukur. Kemudian, Tuhan akan mengusahakan semua supaya supaya semuanya baik dan memberikan kita rahmat.

Kita tidak harus memandang ringan rahmat Tuhan yang Dia telah kurniakan kepada kita. Kita harus bergembira dan bersyukur kepada Dia setiap masa. Apabila kita mencari sebab-sebab untuk bersyukur dan bergembira, Tuhan memberikan kita lebih banyak sebab untuk bersyukur. Dengan itu, kesyukuran dan kegembiraan kita akan bertambah, dan akhirnya kita akan memiliki buah kegembiraan sepenuhnya.

Berkabung walaupun telah memiliki buah kegembiraan

Walaupun kita memiliki buah kegembiraan di dalam hati kita, kita kadang-kadang menjadi sedih. Ia adalah perkabungan rohani yang dilakukan dalam kebenaran.

Pertama, adalah perkabungan penyesalan. Jika terdapat ujian dan dugaan yang berpunca daripada dosa-dosa kita, kita tidak boleh hanya bergembira dan bersyukur untuk menyelesaikan masalah tersebut.

Sekiranya seseorang bergembira selepas melakukan dosa, kegembiraan itu bersifat duniawi dan langsung tidak berkaitan dengan Tuhan. Dalam kes seperti itu, kita harus bertaubat dengan air mata dan berpaling daripada kelakuan seperti itu. Kita harus benar-benar bertaubat dengan berfikir, 'Bagaimana saya boleh melakukan dosa seperti itu sedangkan saya percaya kepada Tuhan? Bagaimana saya boleh meninggalkan rahmat Tuhan?' Jadi Tuhan akan menerima taubat anda, dan sebagai bukti penghalang dosa telah dirobohkan, Dia akan memberikan kita kegembiraan. Kita akan berasa begitu ringan dan gembira seolah-olah terbang ke langit, dan kegembiraan serta kesyukuran jenis yang baru datang dari atas.

Tetapi perkabungan penyesalan sudah pasti berbeza dari air mata kesedihan yang terjadi akibat kesakitan yang disebabkan oleh kesusahan atau bencana. Walaupun anda berdoa dengan mengeluarkan begitu banyak air mata dan hidung berair, ia hanya perkabungan daging selagi anda menangis disebabkan kecewa disebabkan keadaan anda. Selain itu, jika anda hanya cuba melarikan diri daripada masalah ini kerana bimbang hukuman dan tidak berpaling daripada dosa-dosa anda sepenuhnya, anda tidak boleh mendapat kegembiraan yang sebenar. Anda juga tidak akan merasa bahawa anda sudah diampunkan. Sekiranya perkabungan anda adalah perkabungan penyesalan yang sebenar, anda mesti membuang segala keinginan untuk melakukan dosa itu sendiri dan memiliki buah penyesalan yang sebenar. Baru lah anda akan menerima semula kegembiraan rohani dari atas.

Seterusnya, terdapat perkabungan yang anda merasa apabila Tuhan dimalukan ataupun untuk jiwa-jiwa yang ke arah kematian. Ia adalah jenis perkabungan yang betul dalam kebenaran. Jika anda mempunyai perkabungan seperti itu, anda akan bersungguh-sungguh berdoa untuk kerajaan Tuhan. Anda akan meminta kesucian dan kuasa untuk menyelamatkan lebih ramai jiwa dan memperluaskan kerajaan Tuhan. Oleh itu, perkabungan seperti itu menyenangkan dan diterima dalam pandangan Tuhan. Jika anda memiliki perkabungan rohani sebegitu, kegembiraan yang mendalam dalam hati anda tidak akan hilang. Anda tidak akan kehilangan kekuatan dengan menjadi murung atau patah hati, tetapi anda masih akan terus bersyukur dan bergembira.

Beberapa tahun lalu, Tuhan telah menunjukkan saya rumah syurgawi seseorang yang berdoa untuk kerajaan Tuhan dan gereja dengan penuh ratapan. Rumahnya dihias dengan emas dan batu berharga, terutamanya banyak mutiara bersinar yang bersaiz besar. Seperti tiram yang menghasilkan mutiara dengan sepenuh tenaga, dia meratap dalam doa untuk menyerupai Yesus, dan dia meratap berdoa untuk kerajaan Tuhan dan semua jiwa. Tuhan membayar balik semua ratapan doanya. Oleh itu, kita perlu sentiasa bergembira dalam mempercayai Tuhan, dan kita juga perlu mampu meratap untuk kerajaan Tuhan dan semua jiwa.

Bersifat positif dan menurut kebaikan dalam semua perkara

Apabila Tuhan menciptakan manusia pertama, Adam, Dia memberikan kegembiraan dalam hati Adam. Tetapi kegembiraan Adam pada masa itu tidak sama dengan kegembiraan yang kita dapat selepas melalui pemupukan manusia di dunia.

Adam adalah makhluk hidup, atau roh yang hidup, yang bermakna dia tidak mempunyai apa-apa sifat badaniah, dan oleh itu dia tidak mempunyai elemen yang bertentangan dengan kegembiraan. Dia tidak mempunyai apa-apa konsep perbandingan yang membolehkannya menyedari nilai kegembiraan. Hanya orang yang pernah menderitai penyakit akan memahami betapa berharganya kesihatan. Hanya orang yang pernah hidup dalam kemiskinan akan memahami makna sebenar kekayaan hidup.

Adam tidak pernah mengalami kesakitan, dan dia tidak mampu menyedari bahawa dia sedang menjalani kehidupan yang bahagia. Walau pun dia menikmati kehidupan abadi dan makmur dalam Taman Eden, namun dia tidak dapat bergembira dari hati. Tetapi selepas dia makan buah dari pokok pengetahuan kebaikan dan kejahatan, badaniah masuk ke dalam hatinya, dan dia hilang kebahagiaan yang telah diberikan oleh Tuhan. Semasa dia melalui banyak kesakitan di dunia ini, hatinya dipenuhi kesedihan, kesunyian, kebencian, perasaan marah dan kerisauan.

Kita telah melalui semua jenis kesakitan di dunia, dan kini kita perlu mengembalikan kegembiraan rohani yang telah Adam hilangkan. Untuk melakukan hal ini, kita perlu menyingkirkan badaniah, mengikut keinginan Roh Kudus setiap masa, dan menyemai benih kebahagiaan dan kesyukuran dalam semua perkara. Di sini, jika kita mempunyai sikap positif dan mengikut kebaikan, kita akan mampu memiliki buah kegembiraan dengan sepenuhnya.

Kegembiraan ini dimiliki selepas kita mengalami hubungan perbandingan banyak perkara di dunia, tidak seperti Adam yang hidup di Taman Eden. Oleh itu, kegembiraan ini bercambah daripada lubuk hati kita dan ia tidak pernah berubah. Kegembiraan sekati yang kita akan nikmati di Syurga telah dipupuk dalam diri kita di dunia. Bagaimanakah caranya kita dapat mengutarakan kegembiraan yang dirasakan selepas kita menamatkan kehidupan duniawi dan masuk ke kerajaan syurga?

Lukas 17:21 berfirman, "...juga orang tidak dapat mengatakan: Lihat, ia ada di sini atau ia ada di sana! Sebab sesungguhnya Kerajaan Tuhan ada di antara kamu." Saya berharap agar anda dengan segera akan memiliki buah kegembiraan dalam hati supaya anda akan dapat merasakan Syurga di dunia dan menjalani kehidupan yang sentiasa dipenuhi kegembiraan.

Ibrani 12:14

"Berusahalah untuk hidup rukun dengan semua orang. Berusahalah juga untuk hidup suci, khusus untuk Tuhan. Sebab tidak seorang pun dapat melihat Tuhan kalau ia tidak hidup seperti itu."

Bab 4

Keamanan

Buah keamanan

Untuk memiliki buah keamanan

Kata-kata yang baik adalah penting

Fikir dengan bijaksana daripada sudut pandangan orang lain

Keamanan sejati dalam hati

Rahmat bagi orang yang aman

Keamanan

Partikel garam tidak kelihatan pada mata kasar, tetapi dalam bentuk kristal, ia menjadi kristal kubik yang indah. Sejumlah kecil garam akan larut dalam air dan mengubah keseluruhan struktur air. Garam adalah perasa yang amat diperlukan dalam masakan. Elemen mikro dalam garam, dalam jumlah yang amat kecil adalah penting untuk menampung fungsi kehidupan.

Seperti garam yang larut untuk menambah rasa terhadap makanan dan mengelakkan pereputan. Sekarang mari kita bincangkan buah keamanan, salah satu daripada buah Roh Kudus.

Buah keamanan

Walau pun mereka percaya kepada Tuhan, ramai orang tidak mampu mengekalkan keamanan dengan orang lain selagi mereka memiliki ego, atau 'diri'. Jika mereka fikir idea mereka betul, mereka selalunya tidak mengendahkan pendapat orang lain dan berkelakuan tidak elok. Walau pun persetujuan telah dicapai melalui undian majoriti kumpulan, mereka terus merungut tentang keputusan ini. Mereka juga akan melihat kelemahan orang dan bukannya sifat-sifat baik mereka. Mereka bercakap perkara buruk tentang orang lain dan menyebarkannya, oleh itu memisahkan orang ramai.

Apabila kita berada berdekatan orang begini, kita akan berasa seperti duduk di atas duri dan tidak akan berasa aman. Di mana ada penggugat keamanan, akan ada juga masalah, sengketa dan ujian. Jika keamanan tergugat dalam sebuah negara, keluarga, tempat kerja, gereja atau mana-mana kumpulan, jalan untuk mendapat rahmat akan terhalang dan akan timbul banyak kesukaran.

Dalam drama, hero atau heroin adalah watak penting, tetapi watak lain dan kerja-kerja sokongan setiap staf juga amat diperlukan. Hal ini sama bagi sesuatu organisasi. Walau pun sesuatu hal nampak kecil, apabila setiap orang melakukan tugasnya dengan betul, tugas ini akan disempurnakan, dan orang ini akan dapat dipertanggungjawabkan dengan tugas yang lebih besar pula selepas ini. Kita juga janganlah terlalu angkuh kerana kita melakukan kerja yang penting. Apabila seseorang membantu orang lain berkembang bersama, semua kerja dapat disiapkan dengan aman.

Roma 12:18 berfirman, "Seboleh-bolehnya, kalau hal itu bergantung padamu, hiduplah dalam perdamaian dengan semua orang." Dan Ibrani 12:14 berfirman, "Berusahalah hidup damai dengan semua orang dan kejarlah kekudusan, sebab tanpa kekudusan tidak seorang pun akan melihat Tuhan."

Di sini, 'rukun' atau aman bermakna dapat menerima pendapat orang lain, walau pun pendapat kita sendiri benar. Ini bermakna menyelesakan orang lain. Ia hati yang besar di mana kita menerima apa sahaja selagi ia berada dalam lingkungan kebenaran. Ia adalah mementingkan manfaat terhadap orang lain dan tidak memilih kasih. Ia adalah cuba untuk tidak mempunyai masalah atau konflik dengan orang lain, dengan menahan diri daripada menyatakan pendapat peribadi yang bertentangan, dan tidak mencari kesalahan orang lain.

Anak-anak Tuhan mesti mengekalkan keamanan antara suami dan isteri, ibu bapa dan anak-anak, adik-beradik serta jiran, dan mereka juga mesti mempunyai keamanan dengan semua orang. Mereka perlu aman bukan sahaja dengan orang yang mereka sayang malah juga orang yang membenci dan menyusahkan mereka. Perkara paling penting adalah mengekalkan keamanan di gereja. Tuhan tidak boleh melakukan kerja jika keamanan tergugat. Hal ini memberikan peluang kepada syaitan untuk membuat pertuduhan. Dan juga, walau pun kita bekerja keras dan mencapai matlamat penting dalam penyebaran ajaran Tuhan, kita tidak boleh dipuji jika keamanan tergugat.

Dalam Kejadian 26, Ishak mengekalkan keamanan dengan semua orang walau pun dalam situasi di mana orang lain mencabarnya. Hal ini berlaku semasa Ishak pergi ke tempat di mana orang Filistin tinggal, dalam cubaan mengelakkan berlaku kebuluran. Dia menerima rahmat daripada Tuhan, dan jumlah ternakannya bertambah serta dia menjadi kaya-raya. Orang Filistin cemburu dengannya dan menimbus telaga Ishak dengan tanah.

Waktu itu hujan jarang turun, terutamanya pada musim panas. Telaga adalah sambungan nyawa mereka. Namun, Ishak tidak bergaduh atau bertengkar dengan mereka. Dia meninggalkan tempat itu dan menggali sebuah telaga lain. Setiap kali dia berjaya menggali telaga dengan susah-payah, orang Filistin akan datang dan merampas telaga ini. Namun demikian, Ishak tidak pernah merungut dan dia menyerahkan telaga kepada mereka. Dia berpindah dari tempat itu dan menggali sebuah telaga lain.

Kitaran ini diulang banyak kali, tetapi Ishak melayan mereka dengan kebaikan, dan Tuhan merahmatinya sehinggakan ke mana sahaja dia pergi, akan ada air dalam telaga. Melihatkan hal ini, orang Filistin sedar bahawa Tuhan bersamanya dan mereka tidak menggangunya lagi. Jika Ishak bertengkar atau bergaduh dengan mereka kerana dia tidak dilayan secara adil, dia akan menjadi musuh mereka dan dia tidak akan meninggalkan tempat itu. Walau pun dia boleh membela diri dengan cara yang adil, ia tidak akan berkesan kerana orang Filistin sengaja mahu bergaduh dan mempunyai niat tidak baik. Atas sebab ini, Ishak melayan mereka dengan baik dan menunjukkan buah keamanan.

Jika kita memiliki buah keamanan dengan cara ini, Tuhan mengawal semua situasi supaya kita akan makmur dalam semua perkara. Jadi, bagaimana kita dapat memiliki buah keamanan?

Untuk memiliki buah keamanan

Pertama, kita mesti aman dengan Tuhan.

Perkara paling penting dalam mengekalkan keamanan dengan Tuhan adalah kita mestilah tidak mempunyai dinding dosa. Adam terpaksa bersembunyi daripada Tuhan apabila dia melanggar Firman Tuhan dan memakan buah terlarang (Kejadian 3:8). Pada masa lalu, dia mempunyai keintiman dengan Tuhan, tetapi kini kehadiran Tuhan mendatangkan perasaan takut dan dia menjauhkan diri. Ini kerana keamanan dengan Tuhan telah tergugat disebabkan dosanya.

Hal ini sama dengan kita. Apabila kita bertindak dalam kebenaran, kita akan aman dengan Tuhan dan mempunyai keyakinan di hadapan Tuhan. Untuk mempunyai keamanan yang lengkap dan sempurna, kita perlu menyingkirkan semua dosa dari hati dan menjadi suci. Namun begitu, walau pun kita masih belum sempurna, selagi kita mengamalkan kebenaran dengan berterusan dalam ukuran keimanan sendiri, kita akan mempunyai keamanan dengan Tuhan. Kita tidak akan mempunyai keamanan sempurna dengan Tuhan dari awal lagi, tetapi kita boleh mempunyai keamanan apabila kita mencuba dalam ukuran keimanan kita sendiri.

Walau pun kita cuba aman dengan orang lain, kita perlu mempunyai keamanan dengan Tuhan terlebih dahulu. Walau pun kita perlu memiliki keamanan dengan ibu bapa, anak-anak, kawan-kawan, dan rakan sekerja, kita tidak boleh melakukan perkara yang bertentangan dengan kebenaran. Ini bermakna kita tidak boleh menggugat keamanan dengan Tuhan semata-mata demi keamanan dengan manusia.

Contohnya, bagaimana jika kita tunduk kepada patung atau tidak menghormati Hari Tuhan untuk mengekalkan keamanan dengan ahli keluarga yang bukan Kristian? Kita mungkin memiliki keamanan buat seketika, tetapi sebenarnya kita telah menggugat keamanan dengan Tuhan dan membina dinding dosa di hadapan Tuhan. Kita tidak boleh melakukan dosa semata-mata untuk mempunyai keamanan dengan manusia. Jika kita tidak menghormati Hari Tuhan untuk menghadiri majlis perkahwinan ahli keluarga atau kawan, ini bermakna menggugat keamanan dengan Tuhan, dan kita juga tidak akan aman dengan manusia.

Untuk kita mempunyai keamanan dengan manusia, pertama sekali kita mestilah menyenangkan hati Tuhan. Kemudian, Tuhan akan menghalau iblis dan syaitan dan mengubah minda manusia yang jahat, supaya kita akan aman dan damai dengan semua orang Amsal 16:7 berfirman, "Jika engkau menyenangkan hati TUHAN, musuh-musuhmu dijadikannya kawan."

Pihak yang satu lagi mungkin akan terus menggugat kedamaian dengan kita walau pun kita cuba sedaya-upaya untuk kekal dalam kebenaran. Dalam kes begini, jika kita bertindak balas dalam kebenaran sehingga ke akhirnya, Tuhan akhirnya akan menjadikan segala-galanya berjalan lancar. Hal yang sama berlaku dalam kes Daud dan Raja Saul. Raja Saul cuba membunuh Daud disebabkan cemburu, tetapi Daud melayannya dengan kebaikan sehingga ke akhirnya. Daud mempunyai banyak peluang untuk membunuhnya, tetapi dia memilih untuk berdamai atas nama Tuhan, dan mengikut kebaikan. Akhirnya, Tuhan membenarkan Daud duduk di singgahsana sebagai ganjaran semua amalan baiknya.

Kedua, kita mesti mempunyai keamanan dalam diri sendiri

Untuk mempunyai keamanan dalam diri sendiri, kita mesti menyingkirkan semua bentuk kejahatan dan menjadi suci. Selagi kita mempunyai kejahatan dalam hati, kejahatan kita mungkin akan dibangkitkan berdasarkan situasi, dan oleh itu keamanan akan tergugat.

Kita mungkin fikir kita mempunyai keamanan apabila keadaan berjalan lancar seperti yang dijangkakan, tetapi keamanan akan tergugat apabila situasi tidak baik dan ia memberi kesan kepada kejahatan dalam hati kita. Apabila kebencian atau kemarahan membara dalam hati, fikirkan betapa tidak selesanya keadaan ini! Tetapi kita boleh mempunyai keamanan dalam hati, tidak kira apa jua situasi, jika kita terus memilih kebenaran.

Namun sesetengah orang, tidak mempunyai keamanan sejati dalam diri mereka walau pun mereka cuba mengamalkan kebenaran untuk mempunyai keamanan dalam Tuhan. Ini kerana mereka mempunyai sifat diri sendiri betul dan rangka kerja personaliti.

Contohnya, sesetengah orang mungkin tidak mempunyai keamanan kerana mereka terlalu terikat dengan Firman Tuhan. Sama seperti Ayub sebelum dia melalui ujian, mereka berdoa dengan tekun dan cuba hidup berdasarkan Firman Tuhan, tetapi mereka tidak melakukan hal ini dengan kasih sayang terhadap Tuhan. Mereka hidup berdasarkan Firman Tuhan disebabkan rasa takut terhadap hukuman dan balasan Tuhan. Dan katakanlah mereka melanggar kebenaran dalam situasi tertentu, mereka akan menjadi gemuruh kerana takut akan mendapat balasan buruk.

Dalam kes begini, hati mereka akan mendapat kesan buruk walau pun mereka mengamalkan kebenaran dengan patuh! Jadi, pertumbuhan rohani mereka terhenti atau mereka akan hilang kegembiraan. Mereka menderita disebabkan sifat diri sendiri yang betul dan rangka kerja fikiran. dalam kes ini, daripada bersikap obses dengan mematuhi hukum, mereka sepatutnya cuba memupuk kasih sayang terhadap Tuhan. Kita akan menikmati keamanan sejati jika kita mengasihi Tuhan dengan sepenuh hati dan menyedari kasih sayang Tuhan.

Di sini saya berikan satu lagi contoh. Sesetengah orang tidak mempunyai keamanan dalam diri sendiri kerana mereka berfikiran negatif. Mereka cuba mengamalkan kebenaran, tetapi mereka mengutuk diri sendiri dan menyebabkan kesakitan dalam hati sendiri, jika tidak mendapat hasil yang diingini. Mereka kasihan terhadap diri sendiri di hadapan Tuhan dan mereka putus asa kerana memikirkan bahawa mereka mempunyai banyak kelemahan. Mereka kehilangan keamanan dan berfikir, 'Bagaimana jika orang di sekeliling kecewa dengan saya? Bagaimana kalau mereka meninggalkan saya?'

Orang seperti ini mesti menjadi anak-anak rohani. Cara pemikiran anak-anak tersebut yang percaya terhadap kasih sayang ibu bapa mereka adalah sangat mudah. Walau pun jika mereka melakukan kesilapan, mereka tidak berselindung daripada ibu bapa, tetapi akan memeluk ibu bapa dan menyatakan bahawa mereka akan cuba melakukan yang lebih baik. Jika mereka meminta maaf dan berkata akan cuba dengan lebih baik, dengan wajah yang penuh kasih dan boleh dipercayai, ini mungkin akan menyebabkan ibu bapa tersenyum walau pun mereka mahu memarahi anak-anak ini.

Ini tentu sekali tidak bermakna anda patut menyatakan yang anda akan cuba dengan lebih baik dengan tidak ikhlas, dan terus melakukan kesalahan yang sama. Jika anda benar-benar mahu berpaling dari dosa dan menjadi lebih baik, bagaimana mungkin Tuhan akan memalingkan wajahnya daripada anda? Orang yang benar-benar bertaubat tidak akan putus asa disebabkan orang lain. Mereka mungkin perlu menerima hukuman atau diletakkan di kedudukan bawah buat sementara waktu, menurut keadilan. Namun, jika mereka benar-benar yakin dengan kasih sayang Tuhan terhadap mereka, mereka akan menerima hukuman Tuhan dengan rela dan mereka tidak akan peduli tentang pandangan atau komen orang lain.

Sebaliknya, Tuhan tidak senang hati jika mereka terus ragu-ragu, dan memikirkan bahawa dosa mereka tidak akan diampunkan. Jika mereka telah benar-benar bertaubat dan berpaling daripada jalan yang salah, ia menyenangkan hati Tuhan dan percayalah bahawa mereka telah diampunkan. Walau pun ada ujian yang melanda disebabkan kesalahan mereka, ia akan bertukar menjadi rahmat jika mereka menerimanya dengan kegembiraan dan kesyukuran.

Oleh itu, kita mesti percaya bahawa Tuhan mengasihi kita walau pun kita masih belum sempurna, dan Dia akan menjadikan kita sempurna jika kita terus cuba mengubah diri. Jika kita dijatuhkan oleh ujian, kita perlu percaya kepada Tuhan yang akan mengangkat kita akhirnya. Kita tidak boleh berasa tidak sabar, dengan keinginan untuk diakui oleh orang lain. Jika kita terus mengekalkan hati dan amalan yang benar, kita akan mempunyai keamanan dalam diri sendiri serta keyakinan rohani.

Ketiga, kita mesti mempunyai keamanan dengan orang lain.

Untuk mendapatkan keamanan dengan semua orang, kita mestilah mampu mengorbankan diri. Kita perlu berkorban untuk orang lain, walau pun sekiranya ia bermakna menyerahkan hidup sendiri. Paulus berkata, "Aku mati setiap hari," dan seperti yang dikatakannya, kita tidak boleh mengutamakan diri, pandangan atau pilihan sendiri untuk memiliki keamanan dengan orang lain.

Untuk memiliki keamanan, kita tidak boleh bertindak dengan cara yang tidak baik atau cuba menonjolkan dan membanggakan diri. Kita perlu merendah diri dari hati dan menaikkan orang lain. Kita tidak boleh pilih kasih, dan pada masa yang sama, kita perlulah mampu menerima cara orang lain yang berbeza, iaitu jika ia berada dalam kebenaran. Kita tidak sepatutnya memikirkan ukuran keimanan sendiri, tetapi fikirkan dari pandangan orang lain. Walau pun pandangan kita betul, atau mungkin lebih baik, kita sepatutnya masih boleh menerima pandangan orang lain.

Namun ini tidak bermakna kita perlu membiarkan mereka dengan cara sendiri, walau pun mereka sedang menuju ke jalan kematian dengan melakukan dosa. Kita juga janganlah bertolak-ansur atau menyertai mereka dalam mengamalkan dusta. Kadang kala, kita perlu menasihati atau memarahi mereka dengan kasih sayang. Kita akan menerima rahmat yang melimpah-ruah jika kita mencari kedamaian dalam kebenaran.

Seterusnya, untuk aman dengan semua orang, kita tidak boleh menekankan sifat diri sendiri betul dan rangka kerja. 'Rangka kerja' adalah apa yang difikirkan betul oleh seseorang berdasarkan personaliti, kesesuaian dan pilihan mereka. 'Sifat diri sendiri betul' di sini bermakna mahu memaksa orang lain menerima pendapat, kepercayaan dan idea diri sendiri, yang dirasakan hebat. Sifat diri sendiri betul dan rangka kerja ditunjukkan dalam banyak bentuk dalam hidup kita.

Bagaimana jika seseorang melanggar peraturan syarikat sebagai justifikasi bagi tindakannya, dan memikirkan bahawa peraturan syarikat adalah salah? Dia mungkin berasakan yang dia melakukan perkara yang betul, tetapi bos atau rakan sekerjanya mungkin tidak bersetuju. Kebenaran membuatkan kita mengikut pendapat orang lain selagi ia bukan dusta.

Setiap individu mempunyai personaliti berbeza kerana setiap seorang telah dibesarkan dalam persekitaran berbeza. Setiap seorang menerima pendidikan berbeza dan mempunyai ukuran keimanan yang berbeza. Jadi, setiap manusia mempunyai standard berbeza dalam menilai perkara betul dan salah, atau baik dan buruk. Ada orang mungkin menganggap sesetengah perkara betul, manakala orang lain menganggapnya salah.

Mari kita bincangkan hubungan antara suami dan isteri sebagai contoh. Si suami mahukan rumah sentiasa kemas, tetapi isterinya tidak berbuat begitu. Pada mulanya, suami bertahan disebabkan kasih sayang dan membersihkan rumah sendiri. Tetapi hal ini berlanjutan, dan dia berasa kecewa. Dia mula memikirkan bahawa isterinya tidak diajarkan cara mengemas rumah semasa kecil. Dia tertanya-tanya mengapa isterinya tidak mampu melakukan sesuatu yang mudah dan senang. Dia tidak faham mengapa tabiat isterinya tidak berubah walau pun setelah beberapa tahun, walau pun suami sering memberi nasihat.

Namun sebaliknya, si isteri juga ada ketidakpuasan hati. Dia kecewa dengan suaminya dan berfikir, 'Saya wujud bukan hanya untuk membersihkan dan mengemas rumah. Kadang kala, kalau saya tidak dapat mengemas, dia patut buat sendiri. Mengapa dia banyak merungut? Dulu dia sanggup buat segala-galanya untuk saya, tetapi sekarang dia merungut disebabkan perkara kecil. Dia menyalahkan pendidikan keluarga saya pula!' Jika setiap seorang daripada mereka menekankan pendapat dan keinginan masing-masing, mereka tidak akan mempunyai keamanan. Keamanan hanya akan wujud apabila mereka mempertimbangkan pendapat pihak satu lagi dan berbuat baik sesama sendiri, dan bukannya hanya berfikir dengan pendapat sendiri.

Yesus memberitahu kita, semasa kita memberikan persembahan kepada Tuhan, jika kita mempunyai perasaan buruk terhadap saudara sendiri, kita perlu berdamai dengannya terlebih dahulu dan kemudiannya kembali untuk memberi persembahan. (Matius 5:23-24). Persembahan kita hanya akan diterima oleh Tuhan selepas kita berdamai dengan saudara ini dan memberikan persembahan.

Orang yang mempunyai keamanan dengan Tuhan dan diri sendiri tidak akan menggugat keamanan dengan orang lain. Mereka tidak akan bergaduh dengan sesiapa pun kerana mereka telah menyingkirkan ketamakan, bangga diri, kemegahan diri, dan sifat diri sendiri betul serta rangka kerja. Walau pun jika orang lain jahat dna menyebabkan masalah, mereka akan mengorbankan diri sendiri untuk mendapatkan keamanan.

Kata-kata kebaikan adalah penting

Ada dua perkara yang perlu kita pertimbangkan apabila mencari keamanan. Kita mesti hanya menyatakan perkara-perkara yang baik untuk mengekalkan keamanan. Amsal 16:24 berfirman, " Perkataan yang menyenangkan adalah seperti sarang madu, manis bagi hati dan ubat bagi tulang-tulang." Kata-kata yang baik memberikan kekuatan dan semangat kepada orang yang berasa lemah. Ia boleh menjadi ubat yang membangkitkan jiwa yang mati.

Sebaliknya, kata-kata jahat akan menggugat keamanan. Apabila Rehabeam, anak Raja Salomo menaiki takhta, rakyat daripada 10 puak meminta raja untuk mengurangkan beban kerja mereka. Raja itu menjawab, "Ayahku memberikan kepadamu beban yang berat, tetapi aku akan membuat beban itu lebih berat lagi. Dia menyebat kalian dengan cemeti, tetapi aku akan memecut kalian dengan cemeti berduri besi!" (2 Tawarikh 10:14). Disebabkan firman ini, raja dan rakyatnya terpisah, yang akhirnya menyebabkan negara ini berpecah dua.

Lidah manusia adalah satu bahagian kecil badan, tetapi ia mempunyai kuasa yang hebat. Ia seperti api kecil yang boleh menyebabkan kebakaran besar dan kemusnahan jika tidak dikawal. Sebab ini Yakobus 3:6 menyatakan, " Lidah sama dengan api. Di tubuh kita, ia merupakan sumber kejahatan yang menyebarkan kejahatan ke seluruh diri kita. Dengan api yang berasal dari neraka, ia menghanguskan seluruh hidup kita." Juga, Amsal 18:21 berfirman,

"Hidup dan mati dikuasai lidah, siapa suka menggemanya akan memakan buahnya."

Terutama sekali, jika kita menyatakan sesuatu yang bersifat kebencian atau rungutan disebabkan perbezaan pendapat, ia mengandungi perasaan kurang senang, dan oleh itu, iblis dan syaitan membawa pertuduhan disebabkan hal ini. Selain itu, menyimpan aduan dan kebencian dan mendedahkan perasaan tersebut secara luaran dalam kata-kata dan tindakan adalah dua perkara berbeza. Menyimpan botol dakwat dalam poket adalah satu perkara, tetapi membuka penutup dan menuang dakwat keluar adalah sesuatu yang lain. Jika anda menuang dakwat keluar, ia akan mengotorkan orang di sekeliling serta diri sendiri.

Dengan cara yang sama, apabila anda melakukan kerja Tuhan, anda mungkin merungut kerana sesetengah perkara tidak selari dengan pemikiran anda. Kemudian, orang lain yang bersetuju dengan pendapat anda akan bercakap perkara yang sama. Jika jumlahnya meningkat kepada dua atau tiga orang, ia akan menjadi rumah ibadat syaitan. Kedamaian akan tergugat di dalam gereja dan pertumbuhan gereja akan terhenti. Oleh itu, kita perlu sentiasa melihat, mendengar dan menyatakan perkara-perkara baik sahaja (Efesus 4:29). Kita langsung tidak boleh mendengar kata-kata yang dusta atau tidak baik.

Fikir dengan bijaksana daripada sudut pandangan orang lain

Perkara kedua yang perlu kita pertimbangkan adalah sekiranya anda tidak mempunyai perasaan buruk terhadap seseorang, tetapi dia menggugat kedamaian ini. Di sini, anda perlu mempertimbangkan sama ada ini adalah salahnya. Kadang kala, anda adalah penyebab orang lain menggugat kedamaian tanpa anda sedari.

Anda mungkin melukakan hati orang lain disebabkan kata-kata atau kelakuan yang tidak dipertimbangkan atau tidak bijaksana. Dalam kes ini, jika anda terus menganggap diri anda tidak mempunyai perasaan tidak baik terhadap orang lain, anda tidak akan berdamai dengannya atau kesedaran diri yang membolehkan anda berubah. Anda perlu memeriksa sama ada anda benar-benar seorang yang damai walau pun pada pandangan orang lain.

Dari sudut pandangan seorang pemimpin, dia mungkin fikir dia mengekalkan keamanan tetapi pekerjanya mungkin sedang menderita. Mereka tidak boleh mengutarakan perasaan sebenar terhadap orang atasan mereka. Mereka hanya boleh bertahan dan menderita di dalam.

Ada satu kisah yang terkenal berkenaan Dinasti Perdana Menteri Hwang Hee Chosun. Dia terlihat seorang petani yang membajak tanah dengan dua ekor lembu. Perdana Menteri ini bertanya dengan suara yang kuat, "Lembu yang mana bekerja lebih keras?" Petani tiba-tiba membawa perdana menteri ke tempat yang agak sunyi dan jauh. Dia berbisik, "Lembu hitam kadang-kadang malas, tetapi lembu yang kuning bekerja keras." "Mengapa bawa saya ke sini dan berbisik semata-mata nak bercakap tentang lembu?" Hwang Hee bertanya sambil tersenyum. Petani menjawab, "Haiwan pun tentu tidak suka kalau kita bercakap buruk tentang mereka." Dikatakan bahawa selepas itu Hwang Hee menyedari sikapnya yang tidak membuat pertimbangan.

Bagaimana jika kedua-dua ekor lembu faham apa yang dikatakan oleh petani? Lembu kuning akan menjadi angkuh, dan lembu hitam akan cemburu dan membuat masalah bagi lembu kuning, atau ia akan berasa putus asa dan bekerja kurang daripada dahulu.

Dari kisah ini, kita pelajari bahawa pertimbangan terhadap haiwan pun, dan kita perlu berhati-hati untuk tidak mengeluarkan kata-kata atau melakukan sesuatu yang dianggap memilih kasih. Jika ada pilih kasih, akan wujud juga cemburu dan keangkuhan. Contohnya, jika anda memuji seseorang di hadapan ramai orang, atau jika anda memarahi seseorang di hadapan ramai orang, anda membina asas bagi ketidakpuasan hati. Anda perlu berhati-hati dan bijaksana supaya tidak menyebabkan masalah begini.

Ada juga orang yang menjadi mangsa pilih kasih dan diskriminasi bos mereka, dan apabila mereka menjadi bos, mereka melakukan diskriminasi terhadap orang lain dan pilih kasih terhadap sesetengah orang. Tetapi kita faham bahawa jika anda mengalami ketidakadilan, anda perlu berhati-hati dengan kata-kata dan kelakuan anda supaya kedamaian tidak tergugat.

Keamanan sejati dalam hati

Satu lagi perkara yang anda perlu fikirkan berkenaan mencapai keamanan adalah keamanan sejati mesti dicapai dalam hati. Walau pun seseorang tidak mempunyai hubungan dengan Tuhan atau diri mereka akan damai dengan semua orang. Ramai penganut selalu mendengar pesan bahawa mereka tidak boleh menggugat keamanan, jadi mereka boleh mengawal perasaan mereka dan tidak bertengkar dengan orang lain yang mempunyai pendapat berbeza. Namun, tidak mempunyai konflik luaran tidak bermakna bahawa mereka mempunyai buah keamanan. Buah Roh terlahir bukan hanya di luar tetapi di dalam hati.

Contohnya, jika seseorang tidak berkhidmat kepada anda, anda akan berasa benci, tetapi anda mungkin tidak menunjukkannya. Anda mungkin terfikir, 'Saya perlu bersabar sedikit lagi!' dan cuba berbuat baik kepadanya. Tapi katakanlah perkara yang sama berlaku lagi.

Kemudian, anda mungkin akan mengumpul kebencian. Anda tidak boleh memperlihatkan kebencian secara terus-terang kerana ini akan menjatuhkan maruah anda. Namun, anda mungkin akan mengkritiknya secara dalaman. Dengan cara ini anda mendedahkan sikap anda yang suka menghukum. Kadang kala, anda tidak memahami orang lain dan hal ini menghalang anda daripada berdamai dengan mereka. Anda berdiam diri kerana anda takut akan bergaduh jika anda berdebat. Anda berhenti bercakap dengannya, memandang rendah terhadapnya dan berfikir, 'Dia jahat dan fikir dia sahaja yang penting, saya tak boleh bercakap dengannya.'

Dengan cara ini, anda tidak menggugat keamanan secara luaran, tetapi anda tidak mempunyai perasaan baik dari segi dalaman terhadapnya juga. Anda tidak bersetuju dengan pendapatnya, dan anda mungkin tidak mahu berada dekat dengannya. Anda mungkin merungut tentangnya kepada orang lain. Anda berasa kurang senang dengannya dan memberitahu orang lain, "Dia memang jahat. Bagaimana orang lain nak memahaminya dan apa yang dia lakukan! Tetapi disebabkan saya baik, saya bertahan sahaja dengannya." Memanglah lebih baik jika kita tidak menggugat keamanan dengan cara ini.

Tetapi untuk memiliki keamanan sejati, anda perlu berbakti kepada orang lain ikhlas dari hati. Anda tidak sepatutnya menahan perasaan begini dan masih mahu orang berbakti kepada anda. Anda perlu rela berbakti dan mengutamakan kepentingan orang lain.

Anda sepatutnya tidak hanya tersenyum di bibir tapi di dalam hati anda menghukum. Anda perlu memahami sudut pandangan orang lain. Hanya dengan ini dapat Roh Kudus bekerja. Walau pun mereka mementingkan diri, hati mereka akan digerakkan dan berubah. Apabila setiap orang yang terlibat mempunyai kelemahan, setiap seorang perlu menanggung kesalahan. Akhirnya, semua orang akan mendapat keamanan sejati dan dapat berkongsi hati mereka.

Rahmat bagi orang yang aman

Orang yang mempunyai keamanan, dengan diri sendiri, dan dengan semua orang, mempunyai kekuasaan untuk menghalau kegelapan. Jadi, mereka mencapai keamanan di sekeliling mereka. Seperti yang tertulis dalam Matius 5:9, "Berbahagialah orang yang membawa damai di antara manusia; Tuhan akan mengaku mereka sebagai anak-anak-Nya," mereka mempunyai kekuasaan sebagai anak-anak Tuhan, iaitu kekuasaan cahaya.

Contohnya, jika anda seorang pemimpin gereja, anda boleh membantu penganut untuk memiliki buah keamanan. Anda boleh mengajarkan mereka Firman kebenaran berkenaan kekuasaan dan kuasa, supaya mereka dapat menjauhkan diri daripada dosa dan menyingkirkan perasaan diri sendiri betul dan rangka kerja. Apabila rumah ibadat syaitan dicipta dan memisahkan manusia, anda boleh memusnahkannya dengan kuasa kata-kata anda. Dengan cara ini, anda dapat membawa keamanan kepada semua orang.

Yohanes 12:24 menyatakan, "Sungguh benar kata-Ku ini: Kalau sebutir gandum tidak ditanam ke dalam tanah dan mati, ia akan tetap tinggal sebutir. Tetapi kalau butir gandum itu mati, baru ia akan menghasilkan banyak gandum." Yesus mengorbankan diri-Nya dan meninggal dunia seperti butir gandum dan menghasilkan banyak buah. Dia mengampunkan dosa banyak jiwa yang nazak dan membolehkan mereka berdamai dengan Tuhan. Hasilnya, Yesus sendiri menjadi Raja segala raja dan Tuan segala tuan, menerima penghormatan dan keagungan.

Kita akan mendapat hasil tuaian yang banyak hanya apabila kita mengorbankan diri. Tuhan Bapa mahukan anak-anak-Nya berkorban dan 'mati seperti gandum' untuk memiliki buah yang banyak, seperti Yesus. Yesus juga berkata dalam Yohanes 15:8, "Kalau kalian berbuah banyak, Bapa-Ku diagungkan; dan dengan demikian kalian betul-betul menjadi pengikut-Ku." Seperti yang dinyatakan, marilah kita menurut keinginan Roh Kudus untuk memiliki buah keamanan dan memimpin banyak jiwa menuju penyelamatan.

Ibrani 12:14 menyatakan, "Berusahalah untuk hidup rukun dengan semua orang. Berusahalah juga untuk hidup suci, khusus untuk Tuhan. Sebab tidak seorang pun dapat melihat Tuhan kalau ia tidak hidup seperti itu." Walau pun anda berada di pihak yang benar, jika orang lain berasa kurang selesa disebabkan anda dan jika ada konflik, ia tidak benar pada pandangan Tuhan. Oleh itu, anda perlu memeriksa diri sendiri. Kemudian, anda boleh menjadi seorang yang suci yang tidak mempunyai apa jua bentuk kejahatan, dan dapat melihat Yesus. Dengan cara ini, saya harap anda akan menikmati kekuasaan rohani di dunia dengan menjadi anak Tuhan, dan mendapat kedudukan yang terpuji di Syurga di mana anda dapat melihat Yesus setiap masa.

Yakobus 1:4

"Jagalah supaya ketabahan hatimu itu terus berkembang sampai kalian menjadi sungguh-sungguh sempurna serta tidak mempunyai kekurangan dalam hal apa pun."

Bab 5

Kesabaran

Kesabaran yang tidak perlu bersabar

Buah kesabaran

Kesabaran bapa keimanan

Kesabaran untuk masuk ke kerajaan syurga

Kesabaran

Lazimnya, kegembiraan dalam hidup bergantung kepada sama ada kita mampu bersabar atau tidak. Antara ibu bapa dan anak-anak, isteri dan suami, adik-beradik dan kawan-kawan, manusia melakukan perkara yang mereka kesali kerana mereka tidak mempunyai kesabaran. Kejayaan dan kegagalan dalam pembelajaran, kerja atau perniagaan juga mungkin bergantung kepada kesabaran kita. Kesabaran adalah satu elemen penting dalam kehidupan.

Kesabaran rohani dan apa yang dianggap sebagai kesabaran oleh manusia duniawi adalah berbeza. Manusia di dunia ini bertahan dengan kesabaran, tetapi ini adalah kesabaran badaniah. Jika mereka mempunyai perasaan kurang senang, mereka cuba sedaya-upaya untuk menahannya. Mereka mungkin akan mengetap gigi dan mogok lapar. Akhirnya, hal ini akan menyebabkan kerisauan atau kemurungan. Namun, manusia menganggap orang yang mampu menahan perasaan menunjukkan kesabaran yang hebat. Namun ini bukanlah kesabaran rohani.

Kesabaran yang tidak perlu bersabar

Kesabaran rohani bersabar bukan dengan kejahatan tetapi hanya dengan kebaikan. Jika anda bersabar dengan kebaikan, anda dapat mengatasi kesusahan dengan kesyukuran dan harapan. Hal ini akan menyebabkan anda mempunyai hati yang lebih besar. Sebaliknya, jika anda bersabar dengan kejahatan, perasaan tidak senang ini akan berkumpul dan hati anda akan menjadi kasar.

Katakanlah seseorang mengutuk dan menyusahkan anda tanpa sebab. Anda mungkin berasa maruah diri tercabar dan menjadi mangsa, tetapi anda menahan perasaan ini kerana anda mahu bersabar berlandaskan Firman Tuhan. Namun wajah anda menjadi merah padam, pernafasan bertambah laju, dan anda mengetap bibir sambil menahan fikiran dan perasaan. Jika anda menahan perasaan dengan cara ini, ia mungkin akan timbul semula selepas itu jika keadaan bertambah buruk. Kesabaran sebegini bukanlah kesabaran rohani.

Jika anda mempunyai kesabaran rohani, hati anda tidak akan digoncangkan oleh apa pun. Walau pun jika anda berhadapan pertuduhan yang salah, anda akan cuba memberitahu orang lain bahawa mungkin ada salah faham di situ. Jika anda mempunyai hati begini, anda tidak perlu 'bertahan' atau 'memaafkan' sesiapa pun. Biar saya berikan satu contoh mudah.

Suatu malam musim sejuk yang dingin, ada sebuah rumah yang menyalakan lampunya sehingga lewat malam. Bayi di rumah ini demam dengan suhu badan mencecah 40 °C (104 °F). Bapa si bayi membasahkan bajunya dengan air sejuk dan mendukung bayi. Apabila bapa meletakkan tuala sejuk ke badan bayi, dia terperanjat dan tidak suka. Namun bayi berasa selesa dalam dukungan bapanya, walau pun baju si bapa berasa sejuk buat seketika.

Apabila baju bapa mula hangat disebabkan kehangatan badan bayi, bapa akan membasahkan bajunya sekali lagi dengan air sejuk. Si bapa terpaksa membasahkan bajunya banyak kali sehingga pagi. Namun dia langsung tidak kelihatan penat. Dia sebaliknya memandang anaknya yang sedang tidur dalam dakapannya dengan pandangan kasih sayang.

Walau pun dia tidak tidur sepanjang malam, dia tidak mengadu lapar atau penat. Dia tidak langsung memikirkan keadaan tubuhnya sendiri. Semua perhatiannya ditumpukan kepada bayi dan dia memikirkan cara untuk membuatkan anaknya berasa lebih sihat dan selesa. Apabila anaknya sudah semakin baik, si bapa langsung tidak memikirkan kesusahan yang dia hadapi. Apabila kita mengasihi seseorang, secara automatik kita akan bertahan dengan kesusahan, dan oleh itu, kita tidak perlu bersabar dengan apa pun. Inilah makna rohani 'kesabaran'.

Buah kesabaran

Kita dapati 'kesabaran' dalam 1 Korintus bab 13, "Bab Kasih

Sayang", dan ini adalah kesabaran untuk memupuk kasih sayang. Contohnya, dikatakan bahawa kasih sayang tidak mementingkan diri. Untuk mengorbankan kemahuan sendiri dan mengutamakan kepentingan orang lain berpandukan firman ini, kita akan berdepan situasi yang memerlukan kesabaran. Kesabaran dalam "Bab Kasih Sayang" adalah kesabaran untuk memupuk kasih sayang.

Namun, kesabaran yang merupakan salah satu daripada buah Roh Kudus adalah kesabaran dalam segala-galanya. Kesabaran ini berada pada tahap yang lebih tinggi dalam kasih sayang rohani. Akan ada kesusahan apabila kita cuba mencapai suatu matlamat, sama ada untuk kerajaan Tuhan atau penyucian diri. Kita akan bersedih dan berusaha keras dengan sepenuh tenaga. Tetapi kita sabar dan bertahan dengan keimanan dan kasih sayang kerana kita mempunyai harapan untuk mendapatkan ganjaran. Kesabaran begini adalah kesabaran yang merupakan satu daripada buah Roh Kudus. Terdapat tiga aspek bagi kesabaran ini.

Pertama adalah kesabaran untuk mengubah hati kita.

Lebih banyak kejahatan yang ada dalam hati kita, lebih sukar untuk kita bersabar. Jika kita mempunyai perasaan marah, bongkak, tamak, rasa diri sendiri betul dan rangka kerja ciptaan sendiri, kita akan mempunyai sikap panas baran dan keras hati yang akan muncul disebabkan perkara kecil.

Ada seorang ahli gereja yang mempunyai pendapatan ASD 15,000 sebulan, dan pada satu bulan pendapatannya kurang daripada biasa. Dia mula merungut kepada Tuhan. Kemudian, dia mengaku bahawa dia tidak bersyukur atas nikmat yang dimiliki kerana dia mempunyai perasaan tamak dalam hati.

Kita perlu bersyukur atas setiap kurniaan Tuhan, walau pun kita tidak mendapat pendapatan yang sangat besar. Dengan ini, ketamakan tidak akan tumbuh dalam hati dan kita akan dapat menerima rahmat Tuhan.

Namun apabila kita menyingkirkan kejahatan dan menjadi suci, lebih mudah untuk kita bersabar. Kita akan bertahan dengan senyap walau pun dalam situasi yang sukar. Kita akan memahami dan memaafkan orang lain tanpa perlu bertahan dengan apa pun.

Lukas 8:15 menyatakan, "Benih yang jatuh di tanah yang subur ibarat orang yang mendengar khabar itu, lalu menyimpannya di dalam hati yang baik dan jujur. Mereka bertahan sampai menghasilkan buah." Ini bermakna, orang yang mempunyai hati yang baik seperti tanah yang subur, boleh bersabar sehingga mereka menghasilkan buah yang baik.

Namun, kita masih memerlukan ketahanan dan kita perlu berusaha untuk mengubah hati kita menjadi tanah yang subur. Kesucian tidak dapat dicapai secara automatik hanya disebabkan kita mempunyai keinginan untuk mencapainya. Kita perlu menjadikan diri patuh kepada kebenaran dengan tekun berdoa sepenuh hati dan berpuasa. Kita perlu berhenti melakukan perkara yang kita sukai, dan jika sesuatu tidak memberi manfaat secara rohani, kita perlu menyingkirkannya. Kita tidak boleh berhenti di pertengahan atau putus asa selepas mencuba hanya beberapa kali. Sehinggalah kita menuai buah kesucian dengan sepenuhnya dan mencapai matlamat, kita perlu melakukan yang terbaik dengan kawalan diri dan bertindak berlandaskan Firman Tuhan.

Destinasi akhir keimanan kita adalah kerajaan syurga, dan terutamanya, tempat tinggal paling indah iaitu Yerusalem Baru. Kita perlu terus berusaha dengan tekun dan sabar sehingga tiba ke destinasi.

Tetapi kadang kala, kita lihat berlaku di mana manusia mula perlahan dalam usaha menyucikan hati mereka selepas menjalani kehidupan Kristian dengan tekun.

Mereka menyingkirkan 'kerja badaniah' dengan cepat kerana ini adalah dosa yang dapat dilihat dari luaran. Namun kerana 'perkara badaniah' tidak dapat dilihat dari luar, manusia tidak menyingkirkannya dengan segera. Apabila mereka menemui dusta dalam diri, mereka berdoa dengan tekun untuk menyingkirkannya, tetapi mereka mula lupa selepas beberapa hari. Jika anda mahu membuang lalang dengan sepenuhnya, anda tidak hanya mencabut daun, tetapi anda perlu menarik keluar akarnya juga. Prinsip yang sama juga dapat diaplikasikan terhadap sifat alami dosa. Anda perlu berdoa dan mengubah hati sehingga ke akhir, sehingga anda mencabut akar sifat alami dosa.

Semasa saya masih lagi penganut baru, saya berdoa untuk menyingkirkan beberapa dosa, kerana saya faham semasa membaca Alkitab bahawa Tuhan membenci sifat dosa seperti benci, panas baran, dan bongkak. Apabila saya dengan tekun cuba mengubah sikap mementingkan diri, saya tidak dapat menyingkirkan perasaan benci dan tidak senang dalam hati saya. Tetapi dalam doa, Tuhan memberikan saya kasih kurnia untuk memahami sudut pandangan orang lain. Semua perasaan tidak senang saya terhadap mereka hilang, sama seperti perasaan benci.

Saya belajar menjadi sabar dengan menyingkirkan kemarahan. Dalam situasi di mana saya berhadapan dengan pertuduhan palsu, saya mengira dalam hati, 'satu, dua, tiga, empat...' dan menahan diri dari menyatakan apa yang saya mahu katakan. Pada mulanya, susah untuk mengawal kemarahan saya. Tetapi saya terus berusaha, dan sifat marah saya mula hilang. Akhirnya, walau pun apabila berdepan situasi yang boleh menyebabkan kemarahan, minda saya tidak terfikirkan apa-apa.

Saya mengambil masa selama tiga tahun untuk menyingkirkan perasaan bangga diri atau bongkak. Semasa mula beriman, saya tidak tahu apa itu perasaan bongkak, tetapi saya berdoa untuk membuang perasaan ini. Saya sentiasa memeriksa diri semasa berdoa. Hasilnya, saya mampu menghormati dan memberi penghormatan kepada orang lain, walau pun mereka kelihatan kekurangan berbanding diri saya dari semua segi. Kemudian, saya berkhidmat kepada rakan paderi lain dengan sikap yang sama, tidak kira sama ada mereka mempunyai kedudukan kepimpinan atau paderi yang baru ditahbiskan. Selepas berdoa dengan sabar selama tiga tahun, saya sedar bahawa saya tidak mempunyai sikap bongkak dalam diri, dan sejak itu saya tidak perlu lagi berdoa tentang perasaan bongkak.

Jika anda tidak mencabut akar sifat alami dosa, sifat dosa ini akan muncul dalam situasi yang ekstrem. Anda mungkin akan kecewa apabila menyedari bahawa anda masih memiliki hati dusta yang anda fikir sudah disingkirkan. Anda mungkin putus harapan dan berkata, 'Saya cuba sedaya-upaya untuk menyingkirkannya, namun ia masih ada dalam diri saya.'

Anda mungkin akan menemui bentuk dusta dalam diri sehingga anda menarik keluar akar sebenar sifat alami dosa, tetapi ini tidak bermakna yang anda tidak ada kemajuan rohani. Apabila anda mengupas bawang, anda akan lihat lapisan yang sama berulang-ulang. Tetapi jika anda tidak berhenti mengupas, tiada apa yang akan tinggal pada bawang. Hal ini sama dengan sifat alami dosa. Anda janganlah berputus ada hanya kerana anda masih belum menyingkirkan dosa dengan sepenuhnya. Anda perlu bersabar sehingga ke akhir dan terus mencuba dengan lebih baik, sambil berharap diri anda mengalami perubahan.

Sesetengah orang berputus asa jika mereka tidak menerima rahmat material sejurus selepas mereka bertindak berlandaskan Firman Tuhan. Mereka fikir mereka tidak menerima apa-apa ganjaran, malah kerugian apabila mereka bertindak dalam kebaikan. Ada juga yang merungut bahawa mereka rajin datang ke gereja tetapi tidak menerima rahmat. Namun kita sebenarnya tiada alasan untuk merungut. Mereka masih belum menerima rahmat Tuhan kerana mereka masih mengamalkan dusta dan tidak menyingkirkan perkara yang disuruh Tuhan.

Rungutan mereka membuktikan bahawa fokus terhadap keimanan mereka tidak kuat. Anda tidak penat jika bertindak dalam kebaikan dan kebenaran berbekalkan keimanan. Lebih banyak anda bertindak dalam kebaikan, anda akan menjadi lebih gembira. Ini akan membuatkan anda mengharapkan lebih banyak perkara kebaikan. Apabila anda menjadi suci dalam iman dengan cara ini, jiwa anda akan makmur, semua perkara akan berjalan lancar, dan anda akan sihat sejahtera.

Jenis kesabaran kedua adalah dalam kalangan manusia.
Apabila anda berinteraksi dengan manusia yang mempunyai personaliti dan latar belakang pendidikan berbeza, akan ada situasi yang timbul. Hal ini berlaku terutamanya di dalam gereja, di mana ramai manusia yang mempunyai latar belakang berbeza akan berkumpul. Jadi, bermula dengan perkara kecil sehinggalah kepada perkara besar, anda mungkin mempunyai pendapat berbeza, dan salah faham mungkin akan berlaku.

Orang ramai mungkin akan terfikir, "Pendapat dia berbeza betul dengan pendapat saya. Susah untuk saya bekerja dengannya kerana kami mempunyai personaliti berbeza." Namun antara suami dan isteri pun, berapa ramai yang mempunyai personaliti yang sepadan? Tabiat dan citarasa mereka berbeza, namun mereka menyerah sesama sendiri untuk saling melengkapi.

Orang yang menginginkan penyucian akan bersabar dalam apa jua situasi dengan apa jua jenis manusia dan mengekalkan keamanan. Walau pun dalam situasi yang sukar dan tidak selesa, mereka akan cuba bertimbang rasa terhadap orang lain. Mereka sentiasa memahami orang lain dengan hati yang baik dan bertahan sambil mengutamakan kepentingan orang lain. Walau pun apabila orang lain melakukan tindakan kejahatan, mereka akan bertahan. Mereka membalas kejahatan dengan kebaikan, dan bukannya dengan kejahatan.

Kita juga perlu bersabar semasa menyampaikan dakwah, atau semasa kita melatih pekerja gereja untuk mencapai kerajaan Tuhan. Semasa berkhidmat sebagai paderi, saya lihat ramai manusia yang berubah secara perlahan. Apabila mereka terikat dengan dunia dan memalukan Tuhan, saya menangis dalam kesedihan, tetapi saya tidak pernah berputus asa. Saya selalu bertahan dengan mereka kerana saya berharap agar mereka berubah suatu hari nanti.

Semasa melatih pekerja gereja, saya perlu bersabar buat jangka masa yang lama. Saya tidak boleh memberi arahan kepada orang bawahan atau memaksa mereka melakukan apa saya saya mahu. Walau pun saya tahu kerja akan dilakukan dengan lebih perlahan, saya tidak boleh mengambil alih tugas pekerja gereja dan berkata, "Awak tidak berkemampuan. Awak dipecat." Saya bertahan dengan mereka dan memberi bimbingan sehingga mereka benar-benar mampu melakukan kerja. Saya menunggu selama lima, 10 atau 15 tahun sehingga mereka mempunyai keupayaan untuk menjalankan tugas mereka, melalui latihan rohani.

Bukan sahaja apabila mereka tidak memiliki buah, saya bertahan apabila mereka melakukan kesalahan supaya mereka tidak terhalang. Lebih mudah bagi seseorang yang mempunyai keupayaan untuk melakukan tugas untuk mereka, atau jika pekerja ini digantikan dengan orang yang lebih berkemampuan. Tetapi saya bertahan sehingga ke akhirnya untuk setiap jiwa. Saya juga bertahan untuk mencapai kerajaan Tuhan dengan lebih sempurna.

Jika anda menyemai benih kesabaran dengan cara ini, anda tentu akan mendapat buah berdasarkan keadilan Tuhan. Contohnya, jika anda bertahan dengan sesetengah jiwa sehingga mereka berubah, berdoa untuk mereka sambil menangis, anda akan mempunyai hati yang lebih luas untuk menyimpan mereka semua. Jadi, anda akan mendapat kekuasaan dan kuasa untuk membangkitkan banyak jiwa. Anda akan mendapat kuasa untuk mengubah jiwa yang disimpan dalam hati melalui doa orang yang benar. Apabila anda mengawal hati dan menyemai benih ketahanan walau pun semasa berdepan dengan pertuduhan palsu, Tuhan akan memberikan anda buah rahmat.

Ketiga adalah kesabaran dalam hubungan dengan Tuhan.

Ia merujuk kepada kesabaran yang anda harus ada sehingga anda mendapat jawapan kepada doa anda. Markus 11:24 menyatakan, "Sebab itu ingatlah ini: Apabila kalian berdoa dan minta sesuatu, percayalah bahawa Tuhan sudah memberikan kepadamu apa yang kalian minta, maka kalian akan menerimanya." Kita akan percaya semua firman dalam 66 buku Alkitab jika kita mempunyai keimanan. Ada janji Tuhan bahawa kita akan menerima apa yang kita minta, dan oleh itu kita boleh mencapai segala-galanya dengan doa.

Namun ini tidak bermakna bahawa kita hanya perlu berdoa dan tidak melakukan apa-apa. Kita perlu mengamalkan Firman Tuhan supaya kita dapat menerima jawapan. Contohnya, seorang pelajar yang mempunyai gred pertengahan berdoa untuk menjadi pelajar terbaik. Namun dia suka berangan di dalam kelas dan tidak mengulang kaji. Adakah dia akan menjadi pelajar terbaik dalam kelasnya? Dia perlu belajar dengan tekun sambil berdoa supaya Tuhan dapat membantunya menjadi pelajar terbaik dalam kelas.

Hal ini sama dengan menjalankan perniagaan. Anda berdoa supaya perniagaan anda maju, tetapi matlamat anda adalah untuk membeli sebuah lagi rumah, melabur dalam bidang hartanah, dan membeli kereta mewah. Adakah anda akan mendapat jawapan kepada doa anda? Tuhan tentulah mahukan anak-anak-Nya untuk hidup dalam kemakmuran, tetapi Tuhan tidak akan senang dengan doa yang meminta sesuatu disebabkan perasaan tamak. Tetapi jika anda mahu menerima rahmat untuk membantu orang yang memerlukan dan menyokong kerja penyebaran agama, dan jika anda melakukannya dengan cara yang sah dan betul, Tuhan tentu sekali akan memimpin anda menuju kemakmuran.

Ada banyak janji dalam Alkitab yang menyatakan bahawa Tuhan akan menjawab doa anak-anak-Nya. Tetapi dalam banyak kes, manusia tidak menerima jawapan kerana mereka tidak cukup bersabar. Manusia mahukan jawapan serta-merta, tetapi Tuhan mungkin tidak akan menjawab doa mereka dengan segera.

Tuhan menjawab doa mereka pada masa yang paling sesuai kerana Dia Maha Mengetahui. Jika tujuan doa mereka adalah meminta sesuatu yang besar dan penting, Tuhan akan menjawab hanya selepas sejumlah doa telah dinyatakan. Apabila Daniel berdoa untuk menerima wahyu perkara-perkara rohani, Tuhan menghantarkan malaikat untuk menjawab doanya sejurus selepas Daniel mula berdoa. Namun Daniel hanya bertemu dengan malaikat itu hanya selepas 22 hari. Selama 22 hari itu, Daniel terus berdoa dengan ketekunan hati yang sama seperti semasa dia mula bermula. Jika kita percaya bahawa kita telah diberikan sesuatu, tidak sukar untuk kita menunggunya. Kita hanya akan memikirkan kegembiraan apabila kita menerima penyelesaian kepada masalah.

Sesetengah penganut tidak sabar menunggu untuk menerima apa yang mereka minta kepada Tuhan semasa berdoa. Mereka mungkin akan berdoa dan berpuasa, tetapi jika jawapan doa tidak diberikan dengan segera, mereka mungkin akan putus asa dan memikirkan bahawa Tuhan tidak akan menjawab doa mereka.

Jika kita benar-benar percaya dan berdoa, kita tidak akan berasa lemah atau putus asa. Kita tidak tahu bila jawapan akan diberikan; esok, malam ini, selepas doa seterusnya, atau selepas setahun. Tuhan mengetahui masa yang paling sesuai untuk memberikan kita jawapan.

Yakobus 1:6-8 menyatakan, "Tetapi orang yang meminta, harus percaya; dia tidak boleh ragu-ragu. Sebab orang yang ragu-ragu adalah seperti ombak di laut yang ditiup angin ke sana ke mari. Orang yang seperti itu tidak tetap fikirannya; dia tidak mampu mengambil keputusan apa-apa dalam segala sesuatu yang dibuatnya. Kerana itu, tidak usah juga ia mengharapkan untuk mendapat apa-apa dari Tuhan."

Perkara yang paling penting adalah kekuatan kepercayaan semasa kita berdoa. Jika kita benar-benar percaya bahawa kita telah menerima jawapan, kita akan gembira dan bersyukur dalam apa jua keadaan. Jika kita mempunyai keimanan untuk menerima jawapan, kita akan berdoa dengan keimanan sehingga buah diberikan ke dalam tangan kita. Selain itu, apabila kita melalui masalah hati atau penghukuman semasa melakukan kerja Tuhan, kita akan memiliki buah kebaikan hanya melalui kesabaran.

Kesabaran bapa keimanan

Semasa berlari maraton, akan ada saat-saat yang getir. Kegembiraan melepasi garisan penamat selepas berhadapan saat-saat getir amatlah hebat dan hanya dapat difahami oleh orang yang pernah mengalaminya. Anak-anak Tuhan yang berada dalam larian keimanan mungkin akan mengalami kesusahan dari semasa ke semasa; tetapi mereka dapat mengatasi apa sahaja dengan berpandukan Yesus Kristus. Tuhan akan memberikan mereka kasih kurnia dan kekuatan-Nya, dan Roh Kudus juga akan membantu mereka.

Ibrani 12:1-2 menyatakan, "Nah, mengenai kita sendiri, di sekeliling kita ada banyak sekali saksi! Sebab itu, marilah kita membuang semua yang memberatkan kita dan dosa yang terus melekat pada kita. Dan marilah kita dengan tekun menempuh perlumbaan yang ada di depan kita. Hendaklah pandangan kita tertuju kepada Yesus, sebab Dialah yang membangkitkan iman kita dan memeliharanya dari permulaan sampai akhir. Yesus tahan menderita di kayu salib! Dia tidak peduli bahawa mati di kayu salib itu adalah suatu hal yang memalukan. Dia hanya ingat akan kegembiraan yang akan dirasakan-Nya kemudian. Sekarang Dia duduk di sebelah kanan takhta Tuhan dan memerintah bersama dengan Dia."

Yesus menderita kebencian dan penghinaan daripada orang lain sehinggalah Dia memenuhkan takdir penyelamatan. Namun sebab Dia tahu bahawa Dia akan duduk di sebelah kanan singgahsana Tuhan dan penyelamatan akan diberikan kepada manusia, Dia bertahan sehingga ke akhirnya tanpa memikirkan malu. Dia meninggal dunia di atas salib dan menanggung beban dosa manusia, tetapi Dia dibangkitkan semula pada hari ketiga untuk membuka jalan kepada penyelamatan. Tuhan melantik Yesus sebagai Raja segala raja dan Tuan sebagai tuan kerana Dia patuh sehingga mati dengan kasih sayang dan keimanan.

Yakub ialah cucu Abraham dan dia menjadi bapa Israel. Dia mempunyai hati yang tekun. Dia merampas hak kelahiran daripada abangnya Esau dengan cara menipu, dan kemudian dia melarikan diri ke Haran. Dia menerima janji Tuhan di Betel.

Kejadian 28:13-15 menyatakan, "Aku akan memberikan kepadamu dan kepada keturunanmu tanah tempat engkau berbaring ini. Keturunanmu akan sebanyak debu di bumi. Mereka akan memperluas wilayah mereka ke segala arah, dan melalui engkau dan keturunanmu, Aku akan memberkati semua bangsa di bumi. Ingatlah, Aku akan menolong dan melindungimu, ke mana pun engkau pergi, dan Aku akan membawamu kembali ke negeri ini. Aku tak akan meninggalkan engkau sampai telah Kulakukan segala apa yang Ku janjikan kepadamu." Yakobus menderita selama 12 tahun dalam ujian dan akhirnya menjadi bapa semua orang Israel.

Yusuf adalah anak ke-11 Yakobus, dan dia mendapat kasih sayang bapanya melebihi kasih sayang yang diberikan terhadap abang-abangnya. Suatu hari, abang-abangnya menjualnya sebagai hamba ke Mesir. Dia menjadi hamba di negara asing, tetapi dia tidak berasa lemah/ Dia melakukan kerja dengan sebaik mungkin dan dia diakui oleh tuannya sebagai hamba yang setia. Situasinya bertambah baik, dan dia diberi amanah menjaga semua urusan rumah tuannya, tetapi dia menerima pertuduhan palsu dan dimasukkan ke dalam penjara politik. Dia menerima satu demi satu ujian.

Namun, semua ujian ini adalah kasih kurnia Tuhan dalam proses menyediakannya untuk menjadi perdana menteri Mesir. Namun, hal ini tidak diketahui oleh sesiapa melainkan Tuhan. Namun, Yusuf masih tidak berputus asa walau pun berada di dalam penjara. Ini kerana dia mempunyai keimanan dan dia percaya dengan janji yang Tuhan berikan kepadanya semasa dia kecil. Dia percaya bahawa Tuhan akan menjadikan mimpinya kenyataan, di mana matahari dan bulan serta 11 bintang di langit sujud kepadanya, dan dia tidak tergoyah walau dalam apa jua situasi. Dia percaya kepada Tuhan dengan sepenuhnya, dan dia bertahan dalam semua perkara dan mengikut jalan yang benar berdasarkan Firman Tuhan. Keimanannya adalah keimanan sejati.

Bagaimana jika anda berada dalam situasi yang sama? Bolehkah anda bayangkan perasaannya, 13 tahun selepas dia dijual sebagai hamba? Anda mungkin akan berdoa kepada Tuhan untuk keluar dari situasi ini. Anda mungkin akan memeriksa diri dan bertaubat atas segala dosa yang anda dapat fikirkan, untuk menerima jawapan daripada Tuhan. Anda juga akan berdoa untuk mendapatkan kasih kurnia Tuhan, dengan tangisan dan doa yang bersungguh-sungguh. Dan jika doa anda tidak dijawab selama setahun, dua tahun, atau 10 tahun, malah anda berada dalam situasi yang lebih teruk, bagaimanakah perasaan anda?

Dia dipenjarakan semasa muda dan dia melihat hari demi hari berlalu tanpa makna, dia mungkin berasa sedih jikalau dia tidak mempunyai keimanan. Jika dia memikirkan kehidupan selesa di rumah bapanya, dia mungkin akan berasa lebih sedih. Namun, Yusuf sentiasa percaya kepada Tuhan yang sedang memerhatikannya, dan dia percaya dengan kasih sayang Tuhan yang memberikan perkara terbaik pada masa yang terbaik. Dia tidak pernah putus harapan walau pun semasa melalui ujian getir, dan dia berkelakuan dengan penuh setia dan kebaikan, bersabar sehingga mimpinya menjadi kenyataan.

Daud juga diakui oleh Tuhan sebagai manusia yang mempunyai hati Tuhan. Namun, walau pun selepas dia dilantik sebagai raja, dia telah melalui banyak ujian termasuklah diburu oleh Raja Saul. Dia berhadapan dengan banyak situasi yang membahayakan. Namun, dia bertahan dalam smeua kesusahan dalam keimanan. Dia menjadi raja hebat yang memerintah seluruh Israel.

Yakobus 1:3-4 menyatakan, "...sebab kamu tahu, bahawa ujian terhadap imanmu itu menghasilkan ketekunan. Jagalah supaya ketabahan hatimu itu terus berkembang sampai kalian menjadi sungguh-sungguh sempurna serta tidak mempunyai kekurangan dalam hal apa pun.." Saya menggesa anda untuk memupuk kesabaran ini dengan sepenuhnya. Kesabaran ini akan meningkatkan keimanan dan melebarkan serta mendalamkan hati anda, untuk menjadikannya lebih matang. Anda akan mendapat rahmat dan jawapan yang dijanjikan oleh Tuhan jika anda memiliki kesabaran sepenuhnya (Ibrani 10:36).

Kesabaran untuk masuk ke kerajaan syurga

Kita memerlukan kesabaran untuk masuk ke kerajaan syurga. Sesetengah orang seronok dengan dunia semasa mereka muda dan mula datang ke gereja apabila sudah semakin tua. Ada juga orang yang menjalani kehidupan dalam keimanan dan berharap Yesus akan kembali, tetapi mereka hilang sabar dan mengubah fikiran mereka. Yesus tidak kembali secepat yang mereka harapkan, dan mereka berasa susah untuk terus tekun dalam keimanan. Mereka berhenti seketika daripada menyunatkan hati dan melakukan kerja Tuhan, dan apabila mereka pasti bahawa tanda-tanda kembalinya Yesus telah muncul, mereka akan kembali mencuba dengan lebih keras.

Namun, tiada sesiapa tahu bilakah Tuhan akan memanggil roh kita, atau bilakah Yesus akan kembali. Walau pun jika kita mengetahui masa ini, kita tidak akan mempunyai keimanan sebanyak yang kita mahu. Manusia tidak mampu memiliki keimanan rohani untuk menerima penyelamatan sesuka hati mereka. Ia diberikan dengan kasih kurnia Tuhan. Musuh iaitu iblis dan syaitan juga tidak akan membenarkan mereka untuk menerima penyelamatan dengan mudah. Selain itu, jika anda mempunyai harapan untuk masuk ke Yerusalem Baru di Syurga, anda boleh melakukan semua perkara dengan sabar.

Mazmur 126:5-6 menyatakan, " Semoga orang yang menabur sambil menangis, menuai dengan sorak-sorai. Orang pergi menabur benih di ladangnya, sambil bercucuran air mata. Dia pulang dengan menyanyi gembira membawa berkas-berkasnya." Kita mestilah berusaha, dengan air mata dan ratapan semasa menyemai benih dan membiarkannya tumbuh. Kadang kala, hujan yang diperlukan tidak turun, atau mungkin berlaku ribut atau terlalu banyak hujan turun dan merosakkan tanaman. Namun akhirnya, kita tentu akan menikmati kegembiraan menuai berdasarkan hukum keadilan.

Tuhan menunggu 1,000 tahun seperti sehari untuk mendapatkan anak-anak sejati dan Dia bertahan dengan kesakitan menyerahkan satu-satunya Anak Lelaki-Nya kepada kita. Yesus bertahan dengan kesakitan di atas salib, dan Roh Kudus juga bertahan dengan ratapan semasa tempoh pemupukan manusia. Saya berharap agar anda akan memupuk kesabaran rohani yang sempurna, dengan mengingati kasih sayang Tuhan ini, supaya anda akan mempunyai buah rahmat di dunia dan di Syurga.

Lukas 6:36

"Hendaklah kalian berbelas kasihan seperti Bapamu juga berbelas kasihan."

Bab 6

Kebaikan Hati

Memahami dan memaafkan orang lain dengan buah kebaikan hati

Perlu memiliki hati dan amalan seperti Yesus

Menyingkirkan prejudis untuk memiliki kebaikan hati

Belas kasihan terhadap orang dalam kesusahan

Janganlah dengan mudah menuding terhadap kelemahan orang lain

Bermurah hati dengan semua orang

Biar orang lain mendapat penghormatan

Kebaikan Hati

Kadang kala manusia berkata bahawa mereka tidak dapat memahami sesetengah orang walau pun mereka cuba memahaminya, atau walau pun mereka cuba memaafkan seseorang, mereka tidak berjaya berbuat demikian. Tetapi jika kita mempunyai buah kebaikan hati dalam hati, tiada perkara yang tidak dapat kita fahami dan tiada sesiapa yang kita tidak mampu maafkan. Kita akan memahami apa jua jenis manusia dengan kebaikan dan menerima semua jenis manusia dengan kasih sayang. Kita tidak akan menyatakan bahawa kita sukakan seseorang atas suatu alasan dan kita kita tidak suka seseorang yang lain atas sebab tertentu. Kita tidak akan mempunyai perasaan tidak suka atau benci terhadap sesiapa. Kita tidak akan bersengketa atau mempunyai perasaan kurang senang terhadap sesiapa pun, malah tidak mempunyai musuh.

Memahami dan memaafkan orang lain dengan buah kebaikan hati

Kebaikan hati adalah kualiti atau keadaan menjadi baik. Namun, makna rohani kebaikan hati adalah hampir dengan belas kasihan. Makna rohani bagi belas kasihan adalah "untuk memahami kebenaran walau pun yang tidak mampu difahami oleh manusia." Ia juga adalah hati yang mampu memaafkan dalam kebenaran walau pun orang yang tidak dapat dimaafkan oleh manusia. Tuhan menunjukkan belas ihsan terhadap manusia dengan hati yang mempunyai belas kasihan.

Mazmur 130:3 menyatakan, "Jika Engkau terus mengingat dosa kami, ya TUHAN, siapakah dapat tahan?" Seperti yang tertulis, jika Tuhan tidak mempunyai belas kasihan dan menghakimi kita berdasarkan keadilan, tiada sesiapa yang akan mampu berdiri di hadapan Tuhan. Tetapi Tuhan mengampunkan dan menerima kita, walau pun orang yang tidak sepatutnya diampunkan atau diterima jika keadilan dilaksanakan dengan ketat. Selain itu, Tuhan menyerahkan satu-satunya Anak Lelaki-Nya untuk menyelamatkan manusia daripada kematian abadi. Memandangkan kita telah menjadi anak Tuhan dengan percaya kepada Yesus, Tuhan mahu kita memupuk hati belas kasihan ini. Atas sebab ini, Tuhan menyatakan dalam Lukas 6:36, "Hendaklah kalian berbelas kasihan seperti Bapamu juga berbelas kasihan."

Belas kasihan ini serupa dengan kasih sayang tetapi juga berbeza daripada pelbagai segi. Kasih sayang rohani bermakna mampu mengorbankan diri demi orang lain tanpa apa-apa ganjaran, manakala belas kasihan bermakna kemaafan dan penerimaan. Ini bermakna mampu menerima segala-galanya tentang seseorang dan tidak salah faham atau membencinya walau pun dia tidak layak menerima kasih sayang. Anda tidak akan membenci atau mengelak daripada seseorang hanya kerana pendapatnya berbeza daripada ada, tetapi sebaliknya anda boleh menjadi kekuatan dan keselesaan untuknya. Jika anda mempunyai hati yang menerima orang lain, anda tidak akan mendedahkan kelemahan atau kesalahan mereka, sebaliknya akan akan melindungi dan menerima mereka supaya anda akan mempunyai perhubungan yang baik.

Ada suatu kisah yang menerangkan hati belas kasihan ini dengan jelas. Suatu hari, Yesus berdoa sepanjang malam di Gunung Zaitun dan pergi ke Rumah Ibadat pada waktu pagi. Ramai orang berkumpul di sana apabila Dia duduk, dan berlaku sedikit kekecohan semasa dia menyampaikan Firman Tuhan. Ada beberapa orang ahli Taurat dan orang Farisi di kalangan mereka yang membawakan seorang wanita menghadap Yesus. Wanita itu menggigil ketakutan.

Mereka memberitahu Yesus bahawa wanita ini ditangkap semasa sedang berzina, dan bertanya kepada-Nya apa yang akan Dia lakukan terhadap wanita ini, memandangkan menurut Hukum Taurat, wanita ini sepatutnya direjam sampai mati. Jika Yesus menyuruh mereka merejamnya, hal ini tidak selari dengan ajaran-Nya yang menyatakan, "Kasihilah musuhmu." Tetapi jika Dia menyuruh mereka memaafkan wanita ini, hal ini bertentangan dengan Hukum. Nampaknya Yesus berada dalam situasi yang sukar. Namun, Yesus menulis sesuatu di atas tanah dan berkata, seperti yang dinyatakan dalam Yohanes 8:7, "Orang yang tidak punya dosa di antara kalian, biarlah dia yang pertama melemparkan batu kepada wanita itu." Orang ramai berasa bersalah dan seorang demi seorang, mereka meninggalkan tempat ini. Akhirnya, hanya tinggal Yesus dan wanita tersebut.

Dalam Yohanes 8:11 Yesus berkata kepadanya, "Aku juga tidak menghukum engkau. Pergilah. Jangan berdosa lagi." Dengan berkata, "Aku juga tidak menghukum engkau," Yesus telah memaafkan wanita tersebut. Yesus memaafkan wanita yang tidak sepatutnya dimaafkan dan memberikannya peluang untuk berpaling daripada dosanya. Ini adalah contoh hati belas kasihan.

Perlu memiliki hati dan amalan seperti Yesus

Belas kasihan adalah untuk benar-benar memaafkan dan mengasihi seseorang, walau pun musuh. Seperti ibu yang menjaga bayinya yang baru lahir, kita akan menerima emua orang. Walaupun jika sesetengah orang mempunyai kekurangan yang besar atau mereka telah melakukan dosa besar, pertama sekali kita perlu mempunyai sifat belas ihsan dan bukannya menghukum dan menghina mereka. Kita sepatutnya membenci dosa, bukannya orang yang berdosa; kita akan memahami individu ini dan cuba membiarkan dia hidup.

Katakanlah ada seorang kanak-kanak yang mempunyai tubuh yang lemah dan sering jatuh sakit. Bagaimanakah perasaan ibunya terhadap anak ini? Dia tidak akan tertanya-tanya mengapakah anaknya dilahirkan begini dan mengapa anak ini banyak menyusahkan si ibu. Dia tidak akan membenci si anak disebabkan hal ini. Dia akan mempunyai lebih banyak perasaan kasih sayang dan belas ihsan terhadap anaknya, berbanding kanak-kanak lain yang sihat.

Ada seorang ibu yang mempunyai anak lelaki yang terencat akal. Sewaktu berusia 20 tahun, umur mentalnya sama dengan kanak-kanak berusia dua tahun, dan ibunya tidak boleh leka atau terlepas pandang langsung. Namun, si ibu tidak pernah berasakan kesusahan dalam menjaga anak lelakinya. Dia cuma berasakan simpati dan belas ihsan terhadap si anak semasa menjaganya. Jika kita memiliki buah belas kasihan ini dengan sepenuhnya, kita akan mempunyai perasaan belas kasihan bukan sahaja terhadap anak sendiri, malah semua orang.

Yesus menyampaikan ajaran kerajaan syurga semasa dakwah umum-Nya. Pendengar utama-Nya bukanlah orang-orang kaya dan berkuasa; tetapi orang-orang miskin, terpinggir, atau orang yang dianggap pendosa, seperti pemungut cukai dan pelacur.

Hal ini sama juga semasa Yesus memilih para hawari-Nya. Sesetengah orang beranggapan bahawa lebih bijak jika Yesus memilih para hawari daripada kalangan orang yang memahami Hukum Taurat, kerana lebih mudah bagi mereka untuk mengajarkan Firman Tuhan. Tetapi Yesus tidak memilih orang daripada kalangan ini. Dia memilih para hawari yang terdiri daripada Matius, seorang pemungut cukai; dan Petrus, Andreas, Yakobus, dan Yohanes yang merupakan nelayan.

Yesus juga menyembuhkan pelbagai jenis penyakit. Suatu hari, Dia menyembuhkan seseorang yang telah sakit selama 38 tahun dan menunggu pergerakan air di kolam Betesda. Dia hidup dalam kesakitan dan tanpa harapan untuk sembuh, tetapi tiada sesiapa yang memberi perhatian kepadanya. Tetapi Yesus datang kepadanya dan bertanya, "Adakah kamu mahu sembuh?" dan menyembuhkannya.

Yesus juga menyembuhkan seorang wanita yang mengalami pendarahan selama 12 tahun. Dia mencelikkan mata Bartimeus, seorang peminta sedekah yang buta (Matius 9:20-22; Markus 10:46-52). Dalam perjalanan-Nya ke bandar Nain, Dia melihat seorang janda yang kematian satu-satunya anak lelakinya. Dia berasa kasihan terhadap wanita ini dan menghidupkan semula anak lelakinya yang telah mati (Lukas 7:11-15). Selain itu, Yesus juga melindungi orang yang ditindas.

Dia berkawan dengan orang yang dipinggirkan seperti pemungut cukai dan orang yang berdosa.

Sesetengah orang mengkritik Yesus kerana Dia makan bersama-sama orang yang berdosa, dan berkata, "Mengapa gurumu makan bersama-sama dengan pemungut cukai dan orang berdosa?" (Matius 9:11) Tetapi apabila Yesus mendengar hal ini, Dia berkata, "Bukan orang sihat yang memerlukan tabib, tetapi orang sakit. Jadi pergilah dan pelajarilah erti firman ini: 'Yang Ku-kehendaki ialah belas kasihan dan bukan persembahan, kerana Aku datang bukan untuk memanggil orang benar, melainkan orang berdosa" (Matius 9:12-13). Dia mengajarkan kita tentang hati belas ihsan dan belas kasihan terhadap orang yang berdosa dan orang sakit.

Yesus bukan sahaja datang untuk orang yang kaya dan benar tetapi sebenarnya untuk yang orang miskin, sakit dan berdosa. Kita akan dapat memiliki buah belas kasihan dengan cepat apabila kita mencontohi hati dan amalan Yesus. Sekarang, mari kita bincangkan apa yang kita patut lakukan secara khusus untuk memiliki buah belas kasihan.

Menyingkirkan prejudis untuk memiliki kebaikan hati

Manusia duniawi selalu menghakimi orang lain berdasarkan penampilan. Sikap mereka terhadap orang lain berubah bergantung kepada sama ada mereka menganggap seseorang itu kaya atau terkenal. Anak-anak Tuhan tidak boleh menghakimi manusia berdasarkan penampilan atau mengubah sikap hati mereka hanya disebabkan penampilan. Kita perlu mempertimbangkan walau anak kecil sekalipun atau orang yang lebih rendah kedudukannya berbanding kita, dan melayan mereka dengan hati Yesus.

Yakobus 2:1-4 menyatakan, "Saudara-saudaraku, sebagai orang yang beriman kepada Yesus Kristus, Tuhan kita yang mulia, janganlah iman itu kamu amalkan dengan memandang muka. Sebab, jika ada seorang masuk ke dalam kumpulanmu dengan memakai cincin emas dan pakaian indah dan datang juga seorang miskin ke situ dengan memakai pakaian buruk, dan kamu menghormati orang yang berpakaian indah itu dan berkata kepadanya, 'Silakan tuan duduk di tempat yang baik ini,' sedang kepada orang yang miskin itu kamu berkata, 'Berdirilah di sana, atau duduklah di lantai ini dekat tumpuan kakiku,' bukankah kamu telah membuat pembezaan di dalam hatimu dan bertindak sebagai hakim dengan fikiran yang jahat?"

1 Petrus 1:17 juga menyatakan, "Dan jika kamu menyebut-Nya Bapa, iaitu Dia yang tanpa memandang muka menghakimi semua orang menurut perbuatannya, maka hendaklah kamu hidup dalam ketakutan selama kamu menumpang di dunia ini."

Jika kita mempunyai buah belas kasihan, kita tidak akan menghakimi atau menghina orang lain berdasarkan penampilan mereka. Kita juga perlu memeriksa sama ada kita mempunyai sikap prejudis atau memilih dari segi rohani. Ada sesetengah orang yang lambat memahami hal-hal kerohanian. Sesetengah orang lain pula mempunyai kekurangan fizikal, jadi mereka mungkin menyatakan atau melakukan perkara yang di luar konteks dalam situasi tertentu. Ada juga orang yang bertindak dengan cara yang tidak selaras dengan Yesus,

Apabila anda melihat atau berinteraksi dengan manusia begini, tidakkah anda berasa sedikit kecewa? Pernahkah anda memandang rendah atau mahu mengelak daripada bertemu mereka? Pernahkah anda menjatuhkan air muka seseorang dengan kata-kata agresif atau sikap yang kurang sopan?

Ada juga sesetengah orang yang mengumpat dan menghina orang lain seolah-olah mereka berada di kerusi hakim, apabila seseorang itu melakukan dosa. Apabila seorang wanita yang telah melakukan zina dibawa bertemu Yesus, ramai orang menuding jari ke arahnya dengan penuh penghakiman dan penghinaan. Tetapi Yesus tidak menghinanya, tetapi memberikan dia peluang untuk mendapat penyelamatan. Jika anda mempunyai hati belas kasihan, anda akan mempunyai ihsan terhadap orang yang menerima hukuman bagi dosa mereka, dan anda akan berharap mereka akan berjaya mengatasinya.

Belas kasihan terhadap orang dalam kesusahan

Jika kita mempunyai belas kasihan, kita akan berasa ihsan terhadap orang yang mengalami kesusahan dan seronok dapat membantu mereka. Kita bukan sahaja akan berasa kasihan dalam hati dan berkata, "Tabahlah dan kuatkan semangat!" hanya di bibir. Kita akan memberikan sedikit pertolongan kepada mereka.

1 Yohanes 3:17-18 menyatakan, "Barang siapa mempunyai harta duniawi dan melihat saudaranya menderita kekurangan tetapi menutup pintu hatinya terhadap saudaranya itu, bagaimanakah kasih Tuhan dapat tetap di dalam dirinya? Anak-anakku, marilah kita mengasihi bukan dengan perkataan atau dengan lidah, tetapi dengan perbuatan dan dalam kebenaran." Yakobus 2:15-16 juga menyatakan, "Jika seorang saudara atau saudari tidak mempunyai pakaian dan kekurangan makanan sehari-hari, dan seorang dari antara kamu berkata, 'Selamat jalan, kenakanlah kain panas dan makanlah sampai kenyang,' tetapi dia tidak memberikan kepadanya apa yang perlu bagi tubuhnya, apakah gunanya itu?"

Anda tidak sepatutnya fikir, 'Kasihan dia lapar, tetapi saya tak dapat berbuat apa-apa sebab saya hanya ada cukup untuk diri sendiri.' Jika anda benar-benar kasihan dengan hati sebenar, anda akan berkongsi, malah memberikan bahagian anda kepadanya. Jika seseorang menganggap situasinya tidak membolehkan dia membantu orang lain, besar kemungkinan dia tidak akan membantu orang lain sekiranya dia menjadi kaya kelak.

Ini bukan sahaja melibatkan perkara material. Jika anda melihat seseorang yang menderita apa jua jenis masalah, anda mestilah mempunyai perasaan ingin membantu dan berkongsi kesusahannya. Ini adalah belas kasihan. Anda terutamanya perlu mengambil berat terhadap orang yang sedang menuju ke arah Neraka kerana mereka tidak percaya kepada Yesus. Anda akan cuba sedaya-upaya untuk memimpin mereka ke jalan penyelamatan.

Sejak pembukaan Gereja Besar Manmin, telah banyak berlaku kerja hebat berkat kuasa Tuhan. Namun saya masih memohon kuasa yang lebih hebat dan menyerahkan seluruh kehidupan saya untuk memperlihatkan kuasa ini. Ini kerana saya sendiri pernah hidup dalam kemiskinan, dan mengalami keperitan putus harapan disebabkan penyakit. Apabila saya melihat orang lain yang menderita akibat masalah ini, saya dapat merasakan kesakitan mereka seperti kesakitan sendiri, dan saya mahu membantu mereka selagi yang mampu.

Saya mempunyai keinginan untuk menyelesaikan masalah mereka dan menyelamatkan mereka daripada hukuman Neraka, serta membimbing mereka ke Syurga. Tetapi bagaimanakah saya seorang dapat membantu begitu ramai manusia? Jawapan yang saya terima bagi persoalan ini adalah kuasa Tuhan. Walaupun saya tidak dapat menyelesaikan semua masalah kemiskinan, penyakit, dan banyak lagi masalah lain bagi orang lain, saya dapat membantu mereka bertemu dan mengalami keagungan Tuhan. Itu sebabnya saya sedang cuba memperlihatkan kuasa Tuhan yang hebat, supaya lebih ramai orang dapat bertemu dan mengalami keagungan Tuhan.

Tentu sekali, menunjukkan kuasa ini bukanlah pelengkapan proses penyelamatan. Walaupun mereka menjadi beriman dengan melihat kuasa ini, kita perlu menjaga mereka dari segi fizikal dan rohani sehingga mereka dapat berdiri sendiri dalam keimanan yang kukuh. Itu sebabnya saya melakukan yang terbaik untuk memberikan bantuan kepada orang yang memerlukan walaupun gereja kami sendiri mengalami masalah kewangan. Ini adalah supaya mereka dapat maju menuju Syurga dengan kekuatan lebih. Amsal 19:17 menyatakan, "Siapa menaruh belas kasihan kepada orang yang lemah, memiutangi TUHAN, yang akan membalas perbuatannya itu." Jika anda menjaga kebajikan jiwa dengan hati Yesus, Tuhan tentu sekali akan membalas dengan rahmat-Nya.

Janganlah dengan mudah menuding terhadap kelemahan orang lain

Jika kita mengasihi seseorang, kadang kala kita terpaksa memberikan nasihat yang keras atau menegur mereka. Jika ibu bapa langsung tidak memarahi anak-anak mereka tetapi sentiasa memaafkan mereka hanya disebabkan perasaan sayang, anak-anak ini akan menjadi manja. Tetapi jika kita mempunyai belas kasihan, kita tidak akan sewenang-wenangnya menghukum, menegur atau menuding terhadap kesalahan. Apabila kita memberikan nasihat, kita akan melakukannya dengan minda yang penuh doa dan dengan cara menjaga perasaan dan hati seseorang. Amsal 12:18 menyatakan, "Ada orang yang lancang mulutnya seperti tikaman pedang, tetapi lidah orang bijak mendatangkan kesembuhan." Paderi dan pemimpin secara khususnya, yang mengajar para penganut mesti sentiasa menyematkan kata-kata ini dalam hati mereka.

Anda mungkin dengan mudah berkata, "Kamu mempunyai hati yang dusta, dan ini tidak menyenangkan hati Tuhan. Kamu mempunyai beberapa kelemahan, dan tidak disayangi oleh orang lain disebabkan hal ini." Walaupun benar kata-kata anda, jika anda menuding jari dalam rangka kerja perasaan bahawa diri anda betul atau rangka kerja tanpa kasih sayang, ia tidak memupuk kehidupan. Orang lain tidak akan berubah akibat nasihat, malah perasaan mereka akan terluka dan mereka akan kekurangan motivasi dan hilang kekuatan.

Kadang kala, sesetengah ahli gereja meminta saya untuk memaklumkan mereka akan kelemahan diri supaya mereka dapat menyedari dan mengubah kelemahan ini. Mereka menyatakan bahawa mereka mahu menyedari dan mengubah kelemahan diri. Jadi, jika saya dengan berhati-hati mula menyatakan sesuatu, mereka akan menghentikan saya untuk menerangkan pandangan mereka sendiri, lalu saya tidak dapat memberikan nasihat. Memberikan nasihat bukanlah satu perkara yang mudah. Pada saat itu, mereka dapat menerima dengan ucapan terima kasih, tetapi jika mereka hilang kepenuhan Roh, tiada sesiapa yang tahu apa akan berlaku dalam hati mereka.

Kadang kala, saya perlu memaklumkan sesetengah perkara untuk mencapai kerajaan Tuhan atau untuk membolehkan orang lain mendapat penyelesaian bagi masalah mereka. Saya membaca riak muka mereka dengan minda yang berdoa, dan berharap supaya mereka tidak tersinggung atau putus harapan.

Tentu sekali, semasa Yesus menegur orang Farisi dan ahli Taurat dengan kata-kata yang keras, mereka tidak dapat menerima nasihat-Nya. Yesus memberikan mereka peluang dengan harapan walau pun seorang sahaja dari mereka akan mendengar kata-kata-Nya dan bertaubat. Dan disebabkan mereka adalah guru orang ramai, Yesus mahukan orang ramai sedar dan tidak terpedaya dengan sikap hipokrit mereka. Selain daripada kes khas ini, anda tidak sepatutnya menyatakan sesuatu yang mungkin menyinggung perasaan orang lain atau mendedahkan ketidakadilan mereka supaya mereka jatuh. Apabila anda perlu memberikan nasihat yang benar-benar perlu, anda mesti melakukannya dengan kasih sayang, memikirkan sudut pandangan individu ini dan cuba menjaga jiwa ini.

Bermurah hati dengan semua orang

Kebanyakan orang dapat memberi dengan murah hati apa-apa kepunyaan mereka kepada orang yang disayangi, namun ada batasnya. Orang yang kedekut pun masih dapat memberikan pinjaman atau hadiah jika mereka tahu bahawa mereka akan mendapat sesuatu sebagai balasan. Lukas 6:32 menyatakan, "Dan jikalau kamu mengasihi orang yang mengasihi kamu, apakah jasamu? Kerana orang-orang berdosa pun mengasihi juga orang-orang yang mengasihi mereka." Kita akan memiliki buah belas kasihan jika kita mengorbankan diri tanpa mengharapkan balasan.

Yesus tahu sejak awal lagi bahawa Yudas akan mengkhianati-Nya, tetapi Dia melayan Yudas dengan cara yang sama Dia melayan para hawari lain. Dia banyak kali memberikan Yudas peluang untuk bertaubat. Walaupun semasa Dia sedang disalib, Yesus berdoa untuk orang yang menyalib-Nya. Lukas 23:34 menyatakan, "Ya Bapa, ampunilah mereka, sebab mereka tidak tahu apa yang mereka perbuat." Ini adalah belas kasihan yang mana kita mampu memaafkan orang yang sebenarnya tidak layak dimaafkan.

Dalam buku Kisah Para Rasul, kita dapat Stefanus juga mempunyai buah belas kasihan ini. Dia bukanlah seorang hawari, tetapi dia dipenuhi kasih kurnia dan kuasa Tuhan. Banyak tanda dan mukjizat hebat berlaku melaluinya. Orang yang tidak senang dengan hal ini bertengkar dengannya, tetapi apabila dia menjawab dengan kebijaksanaan Tuhan dalam Roh Kudus, mereka tidak dapat membalas hujahnya. Dikatakan bahawa orang melihat wajahnya, dan ia kelihatan seperti wajah malaikat (Kisah Para Rasul 6:15).

Orang Yahudi dilanda perasaan bersalah apabila mendengar dakwah Stefanus, dan mereka akhirnya membawa dia ke luar kota dan merejamnya sampai mati. Walaupun semasa sedang nazak, dia berdoa untuk orang yang melemparkan batu ke arahnya dan berkata, "Tuhan, janganlah tanggungkan dosa ini kepada mereka!" (Kisah Para Rasul 7:60) Ini menunjukkan kepada kita bahawa dia sudah pun memaafkan mereka. Dia tidak mempunyai perasaan benci terhadap mereka, tetapi hanya memiliki buah belas kasihan dengan sifat belas ihsan terhadap mereka. Stefanus dapat menyerlahkan kerja berkuasa kerana dia mempunyai hati yang baik.

Adakah anda mempunyai hati sebaik ini? Masihkah ada orang yang anda tidak suka atau tidak bergaul mesra dengan anda? Anda sepatutnya dapat menerima semua orang walaupun anda tidak bersetuju dengan sifat dan pandangan mereka. Sepatutnya, anda memikirkan pandangan seseorang itu terlebih dahulu. Kemudian, anda akan dapat mengubah perasaan tidak suka terhadap seseorang.

Jika anda hanya fikir, 'Mengapalah dia berbuat begitu? Saya tak faham dengan dia,' anda hanya akan mempunyai perasaan tidak suka dan anda akan berasa tidak selesa apabila bertemu dengannya. Tetapi, jika anda fikir, 'Ah, dalam keadaan ini, dia bertindak begini,' anda akan dapat mengubah perasaan tidak suka. Kini, anda akan mempunyai perasaan belas kasihan terhadap orang yang tidak mampu mengawal diri dari melakukan hal itu, dan anda akan berdoa untuknya.

Apabila anda mengubah fikiran dan perasaan dengan cara ini, anda akan dapat membuang perasaan benci dan perasaan jahat lain, satu-persatu. Jika anda berdegil dan mahu menyimpan perasaan jahat, anda tidak akan dapat menerima orang lain. Anda juga tidak akan berjaya membuang kebencian atau perasaan jahat lain dalam diri. Anda patut menyingkirkan perasaan diri sentiasa betul dan mengubah pemikiran serta perasaan, supaya anda mampu menerima dan berkhidmat kepada apa jua jenis orang.

Biar orang lain mendapat penghormatan

Untuk memiliki buah belas kasihan, kita perlu memberikan penghargaan kepada orang lain apabila sesuatu kerja dilakukan dengan baik, dan kita perlu menerima kesalahan apabila sesuatu yang tidak diingini. Apabila orang lain menerima semua penghargaan dan dipuji walau pun anda bekerja bersama-sama, anda masih dapat bergembira seolah-olah kegembiraan ini milik anda sendiri. Anda tidak akan berasa tidak senang kerana memikirkan bahawa anda melakukan lebih banyak kerja, dan orang lain mendapat lebih banyak pujian walau pun dia mempunyai banyak kelemahan. Anda berasa bersyukur kerana memikirkan bahawa dia akan mempunyai keyakinan yang lebih tinggi dan akan bekerja lebih keras selepas mendapat pujian.

Jika seorang ibu melakukan sesuatu dengan anaknya, dan hanya anaknya yang mendapat ganjaran, apakah perasaan si ibu ini? Tiada ibu yang akan merungut dan menyatakan bahawa dia membantu anaknya melakukan kerja itu dengan sempurna namun dia tidak mendapat ganjaran. Seorang ibu juga tentu berasa gembira jika kecantikannya dipuji, namun dia akan berasa lebih gembira jika anak perempuannya yang mendapat pujian.

Jika kita mempunyai buah belas kasihan, kita akan mampu mengutamakan orang lain dan membiarkan mereka mendapat pujian. Kita juga akan bergembira bersama-sama dengannya seolah-olah kita sendiri yang menerima pujian. Belas kasihan adalah sifat Tuhan Bapa yang penuh dengan belas kasihan dan kasih sayang. Bukan sahaja belas kasihan, setiap buah Roh Kudus yang lain juga adalah hati sempurna Tuhan. Kasih sayang, kegembiraan, keamanan, kesabaran, dan semua buah yang lain adalah aspek berbeza hati Tuhan.

Oleh itu, untuk memiliki buah Roh Kudus bermakna kita perlu cuba untuk memiliki hati Tuhan dalam diri kita dan menjadi sempurna seperti Tuhan yang sempurna. Lebih ranum buah rohani yang dimiliki, lebih indah diri anda, dan Tuhan tidak akan mampu menahan kasih sayang-Nya terhadap anda. Dia akan bergembira dan mengatakan bahawa anda adalah anak-Nya yang benar-benar menyerupai-Nya. Jika anda menjadi anak Tuhan yang menyenangkan hati-Nya, anda boleh menerima apa sahaja yang anda minta semasa berdoa, malah perkara yang hanya dipendamkan dalam hati, kerana Tuhan Maha Mengetahui dan akan menunaikan hajat anda. Saya berharap agar anda akan memiliki buah Roh Kudus dengan sepenuhnya dan menyenangkan hati Tuhan dalam semua perkara, supaya anda akan dilimpahi rahmat dan menikmati keagungan dalam kerajaan syurga sebagai anak-anak yang menyerupai Tuhan secara sempurna.

Filipi 2:5

"Hendaklah kalian berjiwa seperti Yesus Kristus."

Bab 7

Kebaikan

Buah kebaikan

Mencari kebaikan berdasarkan keinginan Roh Kudus

Memilih kebaikan dalam semua perkara seperti orang Samaria yang baik

Jangan bergaduh atau bongkak dalam apa jua situasi

Jangan putuskan buluh yang patah atau memadamkan sumbu yang bernyala pudar

Kuasa untuk menurut kebaikan dalam kebenaran

Kebaikan

Suatu malam, seorang anak muda dengan pakaian lusuh berjumpa dengan satu pasangan tua untuk menyewa bilik. Pasangan ini kasihan terhadapnya dan menyewakan bilik itu. Tetapi anak muda ini tidak keluar bekerja, tetapi hanya menghabiskan masa sepanjang hari dengan minum arak. Dalam kes begini kebanyakan orang mungkin akan mengusirnya kerana dia mungkin tidak mampu membayar sewa. Tetapi pasangan tua ini kadang kala memberikan dia makanan dan dorongan sambil menjalankan dakwah. Anak muda ini tersentuh dengan tindakan kasih sayang mereka, kerana mereka melayannya seperti anak mereka sendiri. Dia akhirnya menerima Yesus Kristus dan menjadi seorang lelaki yang baru.

Buah kebaikan

Untuk mengasihi orang yang disisihkan atau dipinggirkan secara sosial sehingga ke akhir tanpa berputus asa terhadap mereka dianggap sebagai kebaikan. Buah kebaikan bukan sahaja lahir dari hati tetapi juga diserlahkan dalam tindakan, seperti dalam kisah pasangan tua ini.

Jika kita memiliki buah kebaikan, kita akan mengeluarkan haruman Kristus di mana-mana sahaja. Orang di sekeliling kita akan tersentuh melihatkan amalan baik kita dan memberikan keagungan kepada Tuhan.

"Kebaikan" adalah kualiti kelembutan, pertimbangan, kebaikan hati dan kemuliaan. Namun dari segi rohani, ini adalah hati yang mencari kebaikan dalam Roh Kudus, iaitu kebaikan dalam kebenaran. Jika kita memiliki buah kebaikan ini dengan sepenuhnya, kita akan mempunyai hati Yesus yang suci dan tiada cela.

Kadang kala, orang yang tidak percaya dan masih belum menerima Roh Kudus juga menurut kebaikan dalam hidup mereka, pada had tertentu. Manusia duniawi melihat dan menentukan sama ada sesuatu itu baik atau buruk berdasarkan hati nurani. Tanpa kehadiran perasaan bersalah, manusia duniawi menganggap diri mereka baik dan benar. Tetapi hati nurani berbeza bagi setiap manusia. Untuk memahami kebaikan sebagai buah Roh Kudus, pertama sekali kita perlu memahami hati nurani manusia.

Mencari kebaikan berdasarkan keinginan Roh Kudus

Sesetengah penganut baru mungkin mendengar ceramah dan mengadilinya menurut pengetahuan dan akal budi mereka sendiri, dan menyatakan, "Hal ini tidak selari dengan teori saintifik." Tetapi apabila keimanan mereka semakin bertambah dan mereka mempelajari Firman Tuhan, mereka mula menyedari bahawa piawaian pemahaman mereka itu tidak benar.

Akal budi adalah piawaian untuk membezakan antara baik dan jahat, yang berdasarkan asas sifat alami seseorang. Sifat alami seseorang bergantung kepada jenis tenaga kehidupan yang dimiliki semasa lahir dan jenis persekitaran mereka dibesarkan. Kanak-kanak yang menerima tenaga kehidupan yang baik akan mempunyai sifat alami yang baik. Orang yang dibesarkan dalam persekitaran yang baik juga melihat dan mendengar banyak perkara baik, dan lebih cenderung membentuk akal budi yang baik. Sebaliknya, jika seseorang dilahirkan dengan banyak sifat alami kejahatan daripada ibu bapanya dan terdedah kepada banyak perkara jahat, sifat alami dan akal budinya cenderung ke arah kejahatan.

Contohnya, kanak-kanak diajar yang diajar supaya bersikap jujur akan berasa tidak selesa apabila mereka berbohong. Tetapi kanak-kanak yang dibesarkan dalam kalangan penipu akan berasa selesa untuk menipu. Mereka tidak sedar pun yang mereka menipu. Jika mereka menganggap menipu itu perkara biasa, akal budi mereka akan dicemari kejahatan dna mereka tidak akan berasa bersalah langsung tentangnya.

Kanak-kanak yang dibesarkan oleh ibu bapa yang sama dalam persekitaran yang sama tidak semestinya menerima semua perkara dengan cara yang sama. Sesetengah kanak-kanak patuh kepada ibu bapa mereka manakala sesetengah kanak-kanak mempunyai kedegilan dan sukar mematuhi ibu bapa mereka. Walaupun adik-beradik dibesarkan oleh ibu bapa yang sama, akal budi mereka akan terbentuk secara berbeza.

Akal budi akan terbentuk secara berbeza bergantung kepada nilai sosial dan ekonomi di mana mereka membesar. Setiap masyarakat mempunyai nilai sistem yang berbeza, dan standard kehidupan 100 tahun, atau 50 tahun lalu berbeza berbanding sekarang. Contohnya, orang zaman dahulu yang mempunyai hamba tidak berasa bersalah memukul dan memaksa hamba mereka bekerja. 30 tahun lalu contohnya, wanita tidak dibenarkan mendedahkan tubuh mereka bagi penyiaran langsung. Seperti yang telah dinyatakan, akal budi berbeza bagi setiap individu, kawasan dan zaman. Manusia yang menurut akal budi mereka sebenarnya menurut apa yang mereka rasakan baik. Namun, kita tidak boleh menganggap bahawa mereka bertindak dalam kebaikan mutlak.

Tetapi kita yang merupakan orang yang beriman kepada Tuhan mempunyai standard yang sama dengan mana kita membezakan antara perkara baik dan buruk. Kita mempunyai Firman Tuhan sebagai panduan. Standard ini sama semalam, hari ini dan selama-lamanya. Kebaikan rohani adalah memiliki kebenaran sebagai akal budi dan mematuhinya. Ia adalah kesanggupan menurut keinginan Roh Kudus dan mencari kebaikan. Tetapi, dengan hanya memiliki keinginan untuk menurut kebaikan, kita tidak boleh katakan bahawa kita telah memiliki buah kebaikan. Kita boleh katakan bahawa kita memiliki buah hanya apabila keinginan untuk menurut kebaikan diperlihatkan dan diamalkan.

Matius 12:35 menyatakan, "Orang yang baik mengeluarkan hal-hal yang baik dari perbendaharaannya yang baik." Amsal 22:11 juga menyatakan, "Orang yang menyukai ketulusan dan yang manis bicaranya, akan menjadi sahabat raja.." Seperti dinyatakan dalam ayat di atas, orang yang benar-benar mencari kebaikan secara semula jadinya akan mempunyai tindakan baik yang dapat dilihat dari luaran. Mereka akan menunjukkan kemurahan hati dan kasih sayang dengan kata-kata dan amalan yang baik ke mana sahaja mereka pergi dan sesiapa sahaja yang mereka temui. Sama seperti seseorang yang memakai minyak wangi akan berbau harum, orang yang mempunyai kebaikan akan mengeluarkan haruman Kristus.

Sesetengah orang berharap dapat menyemai hati yang baik, jadi mereka mengikut orang-orang yang beriman dan mahu bersahabat dengan mereka. Mereka seronok mendengar dan belajar tentang kebenaran. Mereka senang tersentuh dan mudah mengalirkan air mata. Tetapi mereka tidak mampu menyemai hati yang baik hanya kerana mereka mahu memilikinya. Apabila mereka mendengar dan mempelajari sesuatu, mereka perlu menyemainya dalam hati mereka dan mengamalkannya. Contohnya, jika anda hanya suka berdampingan dengan orang-orang yang baik dan mengelak daripada bergaul dengan orang yang jahat, adakah ini benar-benar keinginan untuk memiliki kebaikan?

Ada juga perkara yang dapat kita pelajari daripada orang yang jahat. Walau pun anda tidak dapat belajar apa-apa daripada mereka, anda dapat menerima pengajaran daripada hidup mereka. Jika ada seseorang yang panas baran, anda dapat belajar bahawa orang yang panas baran selalu terlibat dalam pergaduhan dan pertengkaran. Dari pemerhatian ini, anda mendapat pengajaran bahawa anda tidak sepatutnya memiliki sikap panas baran. Jika anda hanya bergaul dengan orang yang baik, anda tidak akan dapat belajar daripada perkara yang anda lihat atau dengar. Ada banyak perkara yang dapat kita pelajari daripada pelbagai jenis manusia. Anda mungkin fikir bahawa anda benar-benar mengharapkan kebaikan, dan belajar serta menyedari banyak perkara, tetapi anda perlu memeriksa diri sendiri untuk melihat sama ada anda kekurangan amalan baik untuk mengumpulkan kebaikan.

Memilih kebaikan dalam semua perkara seperti orang Samaria yang baik

Kini, mari kita lihat dengan lebih teliti maksud kebaikan rohani, iaitu mendapatkan kebaikan dalam kebenaran dan dalam Roh Kudus. Malah, kebaikan rohani adalah konsep yang luas. Sifat alami Tuhan adalah baik, dan kebaikan ini tersirat dalam keseluruhan Alkitab. Tetapi, kita dapat merasakan aroma kebaikan dengan begitu kuat dalam Filipi 2:1-4:

Jadi kerana dalam Kristus ada nasihat, ada penghiburan kasih, ada persekutuan Roh, ada kasih mesra dan belas kasihan, kerana itu sempurnakanlah suka citaku dengan ini: hendaklah kamu sehati sefikir, dalam satu kasih, satu jiwa, satu tujuan. Dengan tidak mencari kepentingan sendiri atau puji-pujian yang sia-sia. Sebaliknya hendaklah dengan rendah hati yang seorang menganggap yang lain lebih utama dari pada dirinya sendiri; dan janganlah tiap-tiap orang hanya memperhatikan kepentingannya sendiri, tetapi kepentingan orang lain juga.

Seseorang yang memiliki kebaikan rohani mencari kebaikan dalam Yesus, jadi dia menyokong banyak kerja walaupun sesuatu yang dia tidak begitu setuju. Manusia begini merendah diri dan tidak mempunyai perasaan bangga diri yang mengharapkan pujian atau penghargaan. Walau pun orang lain tidak kaya atau bijak sepertinya, dia mampu menghormati mereka dari hati dan dapat menjadi sahabat sejati mereka.

Walau pun orang lain menyusahkan hidupnya tanpa sebab, dia hanya menerima mereka dengan kasih sayang. Dia berkhidmat untuk mereka dan merendahkan diri, jadi dia baik dengan semua orang. Dia bukan sahaja akan menjalankan tugasnya dengan sempurna, malah juga mengambil berat tentang kerja orang lain. Dalam Lukas bab 10, kita membaca kisah perumpamaan orang Samaria yang Baik.

Seorang lelaki dirompak semasa dalam perjalanan dari Yerusalem ke Yerikho. Perompak mengambil semua harta bendanya dan memukulnya sehingga separuh mati. Seorang imam melalui jalan itu dan melihat orang yang separuh mati ini, tetapi si imam hanya melintasinya. Seorang Lewi juga melihat lelaki ini, tetapi dia juga hanya berjalan melepasinya. Imam dan orang Lewi adalah golongan yang mengetahui Firman Tuhan dan berkhidmat untuk Tuhan. Mereka memahami Hukum lebih daripada orang lain. Mereka juga berbangga dengan khidmat mereka kepada Tuhan.

Apabila mereka perlu mematuhi kehendak Tuhan, mereka tidak menunjukkan amalan yang sepatutnya ditunjukkan. Tentu sekali, mereka boleh menyatakan bahawa mereka mempunyai sebab untuk tidak membantunya. Tetapi jika mereka mempunyai kebaikan, mereka tidak akan mampu untuk tidak mengendahkan seseorang yang terdesak dan memerlukan bantuan.

Kemudian, seorang Samaria melintasi jalan ini dan nampak lelaki yang telah dirompak ini. Orang Samaria ini berasa kasihan terhadapnya dan menutup lukanya. Dia mengangkat lelaki ini dan meletakkannya ke atas haiwan tunggangan, membawanya ke sebuah rumah tumpangan dan meminta pemilik rumah tumpangan untuk menjaga lelaki ini. Keesokan harinya, dia memberikan pemilik rumah tumpangan dua dinar dan berjanji dalam perjalanan pulang, dia akan membayar lebih bagi bayaran tambahan yang diminta oleh pemilik rumah tumpangan.

Jika orang Samaria ini bersifat mementingkan diri, dia tidak mempunyai sebab untuk melakukan apa yang dilakukannya. Dia terlalu sibuk, dan dia mungkin akan kerugian masa dan wang jika dia melibatkan diri dalam hal orang yang tidak dikenalinya. Dia juga boleh sahaja merawat luka lelaki ini, dan tidak perlu meminta pemilik rumah tumpangan untuk menjaganya dan berjanji untuk membayar lebih.

Namun, dia mempunyai kebaikan dan dia tidak mampu berpaling daripada orang yang sedang nazak. Walau pun dia kerugian masa dan wang, dan walau pun dia sibuk, dia tidak dapat berpaling daripada seseorang yang terdesak dan memerlukan bantuannya. Apabila dia sendiri tidak dapat membantu, dia meminta pertolongan orang lain. Katakanlah dia tidak membantu lelaki ini disebabkan alasan peribadi, pada masa hadapan orang Samaria ini tentu akan berasa terbeban dalam hatinya.

Dia tentu akan terus mempersoalkan dan menyalahkan dirinya sendiri dengan berfikir, 'Apa yang telah berlaku terhadap orang yang cedera itu. Saya sepatutnya menyelamatkan dia walau pun saya akan kerugian. Tuhan memerhatikan saya dan bagaimana saya sanggup tidak berbuat apa-apa?' Kebaikan rohani adalah tidak mempunyai kesanggupan untuk bertahan sekiranya kita tidak memilih jalan kebaikan. Walau pun dengan perasaan bahawa seseorang cuba memperdayakan kita, kita memilih kebaikan.

Jangan bergaduh atau bongkak dalam apa jua situasi

Satu lagi ayat yang memperlihatkan kebaikan rohani adalah Matius 12:19-20. Ayat 19 menyatakan, "Dia tidak akan bertengkar atau berteriak, atau berpidato di jalan-jalan raya." Seterusnya, ayat 20 menyatakan, "Buluh yang terkulai tak akan dipatahkan-Nya pelita yang redup tidak akan dipadamkan-Nya. Dia akan berjuang sampai keadilan tercapai."

Ini adalah berkenaan kebaikan rohani Yesus. Semasa dakwah-Nya, Yesus tidak pernah bermasalah atau bertengkar dengan sesiapapun. Sejak kecil lagi Dia mematuhi Firman Tuhan, dan semasa dakwah-Nya, Dia hanya melakukan perkara yang baik, menyebarkan ajaran kerajaan syurga dan menyembuhkan orang sakit. Namun, orang yang jahat menguji-Nya dengan kata-kata sebagai cubaan untuk membunuh-Nya.

Setiap kali, Yesus tahu tentang niat jahat mereka dan tidak membenci mereka. Dia membuatkan mereka sedar kehendak sebenar Tuhan. Apabila mereka tidak menyedarinya, Dia tidak bertengkar dengan mereka, tetapi mengelakkan diri daripada mereka. Walaupun semasa Dia disoal sebelum disalib, Dia tidak bertengkar atau bergaduh.

Apabila kita melepasi tahap setahun jagung dalam keimanan sebagai orang Kristian, kita telah pun memahami sedikit-sebanyak Firman Tuhan. Kita tidak akan meninggikan suara atau mengamuk hanya kerana kita tidak bersetuju dengan orang lain. Namun, bergaduh bukan hanya dengan cara meninggikan suara. Jika kita mempunyai perasaan tidak selesa disebabkan perselisihan faham, ini dinamakan pergaduhan. Kita namakannya pergaduhan kerana keamanan dalam hati telah tergugat.

Jika terdapat pergaduhan dalam hati, puncanya adalah diri sendiri. Ini bukanlah kerana seseorang menyusahkan kita. Ini bukan kerana mereka tidak bertindak dengan cara yang kita anggap betul. Ini adalah kerana hati kita terlalu sempit untuk menerima mereka, dan ini kerana kita mempunyai rangka kerja pemikiran yang menyebabkan kita berlaga dengan banyak perkara.

Sehelai kain kapas lembut tidak akan menghasilkan bunyi jika dilanggar oleh apa-apa objek. Jika kita menggoncangkan segelas air bersih, air ini akan kekal bersih dan suci. Hal ini sama dengan hati manusia. Jika ketenangan terganggu dan perasaan kurang menyenangkan muncul dalam situasi tertentu, ini adalah kerana kejahatan masih wujud dalam hati.

Yesus dikatakan tidak pernah mengeluh, jadi, apakah yang menyebabkan orang lain mengeluh? Ini kerana mereka mahu menyerlahkan dan menunjukkan diri mereka. Mereka mengeluh kerana mereka mahu diberi penghargaan dan mahu orang lain berkhidmat kepada mereka.

Yesus memperlihatkan kerja berkuasa seperti menghidupkan semula orang mati dan membuka mata orang buta. Namun, Dia masih merendah diri. Selain itu, walau pun orang ramai mengejek-Nya semasa Dia digantung di atas salib, Dia hanya mematuhi kehendak Tuhan sehinggalah Dia meninggal dunia, kerana Dia tidak mempunyai keinginan untuk menyerlahkan diri-Nya (Filipi 2:5-8). Dikatakan juga bahawa tiada sesiapa pun mendengar suara-Nya di jalan. Ini memberitahu kita bahawa budi bahasa Yesus sempurna. Dia sempurna dari segi pembawaan diri, sikap dan cara percakapan. Kebaikan, kerendahan hati dan kasih sayang-Nya yang melimpah-ruah dan yang begitu mendalam dalam hati-Nya terlihat dari segi luaran.

Jika kita memiliki buah kebaikan rohani, kita akan mempunyai konflik atau masalah dengan sesiapa pun, sama seperti Yesus. Kita tidak akan bercakap tentang kesalahan atau kelemahan orang lain. Kita tidak akan cuba menonjolkan diri atau meninggikan diri mengatasi orang lain. Walau pun kita menderita tanpa sebab munasabah, kita tidak akan merungut.

Jangan putuskan buluh yang patah atau memadamkan sumbu yang bernyala pudar

Apabila kita menanam pokok atau tumbuhan, jika daun atau dahannya patah, kita lazimnya akan memotongnya. Dan juga, apabila sumbu malap, cahaya tidak terang, dan ia mengeluarkan asap. Jadi, lazimnya kita akan memadamkan lilin ini. Namun, orang yang memiliki kebaikan rohani tidak akan 'memutuskan buluh yang patah atau memadamkan sumbu yang pudar'. Jika ada walau sedikit pun harapan untuk penyembuhan, mereka tidak akan menamatkan kehidupan ini, dan mereka cuba membuka jalan kehidupan untuk orang lain.

Di sini, 'buluh yang patah' merujuk kepada orang yang dipenuhi dengan dosa dan kejahatan dalam dunia ini. Sumbu yang pudar melambangkan manusia yang mana hatinya begitu kotor dengan kejahatan dan cahaya jiwa mereka sudah hampir mati. Manusia seperti buluh yang patah dan sumbu yang pudar ini berkemungkinan besar tidak akan menerima Yesus. Walau pun mereka percaya kepada Tuhan, amalan mereka serupa dengan manusia duniawi lain. Mereka juga menentang Roh Kudus atau bertentangan dengan Tuhan. Pada zaman Yesus, ramai orang tidak percaya terhadap Yesus. Walau pun mereka menyaksikan banyak kerja berkuasa yang hebat, mereka masih menentang kerja Roh Kudus. Namun, Yesus melihat mereka dengan keimanan sehingga ke akhirnya dan membuka peluang bagi mereka untuk menerima penyelamatan.

Hari ini, walau pun dalam gereja, terdapat ramai orang yang keadaannya seperti buluh yang patah dan sumbu yang pudar. Mereka menyatakan, 'Tuhan, Tuhan' di bibir namun masih hidup dalam dosa. Malah, sesetengah daripada mereka menentang Tuhan. Dengan keimanan yang tipis, mereka terperangkap dengan godaan dan tidak lagi pergi ke gereja. Selepas melakukan perkara yang dianggap jahat oleh gereja, mereka berasa malu sehingga meninggalkan gereja. Jika kita mempunyai kebaikan, pertama sekali kita perlu menghulurkan tangan kepada mereka.

Sesetengah orang mahu dikasihi dan dikenali di gereja, tetapi apabila hal ini tidak berlaku, kejahatan dalam diri mereka akan terserlah. Mereka cemburu dengan orang yang dikasihi oleh ahli gereja dan orang yang semakin bertambah keimanan, dan mengumpat orang-orang begini. Mereka tidak akan melibatkan diri dengan sesetengah kerja jika ia bukan inisiatif mereka, dan mereka cuba mencari kesalahan dengan kerja yang dilakukan ini.

Walau pun dalam kes begini, orang yang mempunyai buah kebaikan rohani akan menerima orang lain yang menyerlahkan kejahatan. Mereka tidak akan cuba menentukan siapa yang salah dan siapa yang benar, atau kebaikan dan kejahatan. Mereka mencairkan dan menyentuh hati dengan melayan manusia begini dengan kebaikan, dalam hati yang benar.

Sesetengah orang meminta saya mendedahkan identiti orang yang datang ke gereja dengan motif tersembunyi. Mereka berkata, dengan pendedahan ini ahli gereja tidak akan tertipu dan manusia begini tidak akan hadir ke gereja langsung. Ya, mendedahkan identiti mereka mungkin akan menyucikan gereja, tetapi bukankah ini akan memalukan ahli keluarga mereka dan orang yang membawa mereka ke gereja? Jika kita menyingkirkan ahli gereja atas alasan tertentu, mungkin tidak ramai orang yang akan kekal. Salah satu daripada tugas gereja adalah mengubah orang yang jahat dan memimpin mereka ke kerajaan syurga.

Namun, sesetengah orang masih terus menunjukkan kejahatan yang bertambah, dan mereka masuk ke jalan kejahatan walau pun kita menunjukkan kebaikan kepada mereka. Tetapi dalam kes begini pun, kita tidak akan menetapkan had ketahanan dan meninggalkan mereka jika mereka melampaui had tersebut. Dengan kebaikan rohani kita cuba membolehkan mereka untuk mencari kehidupan rohani tanpa berputus asa sehingga ke penghujung.

Gandum dan jerami nampak serupa tetapi jerami tiada isi di dalamnya. Selepas tuaian, petani akan mengumpulkan gandum di dalam bangsal dan membakar jerami. Atau dia akan menggunakannya sebagai baja. Di dalam gereja juga terdapat gandum dan jerami. Dari luaran, semua orang kelihatan seperti penganut, tetapi sebenarnya ada gandum yang mematuhi Firman Tuhan manakala ada jerami yang mengikut kejahatan.

Namun seperti petani yang menunggu sehingga masa untuk menuai, Tuhan mengasihi manusia yang seperti jerami untuk berubah sehinggalah ke penghujung. Sehinggalah hari terakhir, kita perlu memberi peluang kepada semua orang untuk diselamatkan dan melihat semua orang dengan mata keimanan, dengan menyemai kebaikan rohani dalam diri kita.

Kuasa untuk menurut kebaikan dalam kebenaran

Anda mungkin keliru untuk membezakan kebaikan rohani dengan sifat-sifat rohani lain. Dalam perumpamaan orang Samaria yang Baik, tindakannya dapat dianggap sebagai tindakan bermurah hati dan belas kasihan; dan jika kita tidak bergaduh atau meninggikan suara, kita akan berada dalam keamanan dan rendah diri. Jadi, adakah semua perkara ini termasuk dalam sifat kebaikan rohani?

Kasih sayang, kemurahan hati, belas kasihan dan kerendahan diri termasuk dalam kebaikan. Seperti yang dinyatakan sebelum ini, kebaikan adalah sifat alami Tuhan dan merupakan satu konsep yang luas. Tetapi aspek tersendiri kebaikan rohani adalah keinginan untuk menurut kebaikan begini dan kekuatan untuk mengamalkannya. Fokus bukanlah terhadap belas kasihan yang berasa kasihan terhadap orang lain atau tindakan membantu mereka. Fokus adalah terhadap kebaikan yang menyebabkan orang Samaria itu tidak hanya melintas dan berlalu pergi apabila dia sepatutnya mempunyai perasaan belas kasihan.

Selain itu, tidak bergaduh dan berdebat juga adalah sebahagian daripada menjadi rendah diri. Namun sifat kebaikan rohani dalam kes begini adalah kita tidak boleh menggugat keamanan kerana kita menurut kebaikan rohani. Kita mahu merendah diri dan bukannya menonjolkan diri kerana kita mengikut kebaikan ini.

Dengan menjadi setia, jika anda mempunyai buah kebaikan, anda akan menjadi setia bukan sahaja dalam satu perkara tetapi dalam semua rumah Tuhan. Jika anda mengabaikan mana-mana tanggungjawab, mungkin ada seseorang yang menderita disebabkannya. Kerajaan Tuhan mungkin tidak akan tercapai seperti yang sepatutnya. Jadi jika anda mempunyai kebaikan dalam diri, anda tidak akan berasa selesa dengan semua ini. Anda tidak boleh mengabaikannya, jadi anda akan cuba setia dalam semua rumah Tuhan. Anda boleh mengaplikasikan prinsip ini kepada semua sifat lain roh.

Orang yang jahat tidak akan berasa resah jika mereka tidak bertindak melakukan kejahatan. Setakat mana mereka mempunyai kejahatan, mereka akan berasa tidak mengapa walau pun setelah melakukan begitu banyak kejahatan. Bagi orang yang suka mencelah semasa orang lain sedang bercakap, mereka sebenarnya tidak mampu mengawal diri jika mereka tidak menyampuk dalam perbualan orang lain. Walau pun mereka melukakan perasaan atau menyusahkan orang lain, mereka akan berasa tenang dengan diri sendiri selepas melakukan apa yang mereka mahu. Namun, jika mereka mengingati dan cuba membuang tabiat dan sikap buruk yang tidak selari dengan Firman Tuhan, mereka akan mampu menyingkirkan kebanyakan perkara buruk ini. Tetapi jika mereka tidak mencuba dan hanya berputus asa, mereka akan kekal sama walau pun selepas 10 atau 20 tahun.

Namun manusia dalam kebaikan adalah sebaliknya. Jika mereka tidak menurut kebaikan, mereka akan mempunyai perasaan tidak selesa yang lebih teruk berbanding kehilangan, dan mereka akan sentiasa memikirkannya. Jadi walau pun mereka mengalami kerugian, mereka tidak mahu mengapa-apakan orang lain. Walau pun mereka rasakan sesuatu itu menyusahkan, mereka cuba untuk mentaati undang-undang.

Kita dapat rasakan hati begini daripada apa yang dikatakan oleh Paulus. Dia seorang pemakan daging, tetapi jika ia mendatangkan masalah kepada orang lain, dia sanggup tidak makan daging lagi sepanjang hidupnya. Dengan cara yang sama, jika perkara yang mereka sukai akan menyebabkan masalah kepada orang lain, orang yang berada dalam kebaikan lebih rela melepaskannya untuk kegembiraan orang lain. Mereka tidak akan melakukan apa-apa yang akan memalukan orang lain; dan mereka tidak akan melakukan sesuatu yang menyebabkan Roh Kudus dalam diri mereka mengeluh.

Seperti ini juga, jika anda mengikut kebaikan dalam semua perkara, ini bermakna anda memiliki buah kebaikan rohani. Jika anda memiliki buah kebaikan rohani, anda akan mempunyai sikap Yesus. Anda tidak akan melakukan apa-apa yang akan yang menjatuhkan orang lain. Anda akan mempunyai kebaikan dan kerendahan hati dari segi luaran juga. Anda akan dihormati kerana memiliki sesuatu seperti Yesus, dan kelakuan dan bahasa anda akan sempurna. Anda akan menjadi indah di mata semua orang, dan mengeluarkan haruman Kristus.

Matius 5:15-16 menyatakan, "...Tidak ada orang yang menyalakan lampu, lalu menutup lampu itu dengan tempayan. Dia malah akan menaruh lampu itu pada tempat lampu, supaya memberi terang kepada setiap orang di dalam rumah. Begitu juga terangmu harus bersinar di hadapan orang, supaya mereka melihat perbuatan-perbuatanmu yang baik, lalu memuji Bapa mu di syurga." Dalam 2 Korintus 2:15 juga disebutkan, "Sebab bagi Tuhan kami adalah bau yang harum dari Kristus di tengah-tengah mereka yang diselamatkan dan di antara mereka yang binasa." Oleh itu, saya berharap agar anda akan memberikan keagungan kepada Tuhan dalam semua perkara dengan memiliki buah kebaikan rohani dengan segera dan mengeluarkan aroma Kristus ke seluruh dunia.

Bilangan 12:7-8

"Bukan demikian hamba-Ku Musa, seorang yang setia dalam segenap rumah-Ku;

Berhadap-hadapan Aku berbicara dengan dia, terus terang, bukan dengan teka-teki,

dan dia memandang rupa TUHAN."

Bab 8

Kesetiaan

Untuk menjadikan kesetiaan kita diketahui

Lakukan lebih daripada kerja yang diberikan

Setialah dalam kebenaran

Bekerja menurut kehendak tuan mu.

Setialah dalam semua rumah Tuhan

Kesetiaan bagi kerajaan dan kebenaran Tuhan

Kesetiaan

Seorang lelaki pergi ke luar negara. Semasa dia di sana, hartanya perlu diuruskan, jadi dia memberikan tugas ini kepada tiga orang suruhannya. Berdasarkan keupayaan masing-masing, dia memberikan setiap orang suruhan 1,000, 2,000 dan 5,000 wang emas. Orang suruhan yang menerima 5,000 wang emas menjalankan perniagaan untuk tuannya dan memperoleh keuntungan tambahan lima ribu wang emas. Orang suruhan yang menerima 2,000 wang emas juga mendapat keuntungan 2,000 wang emas. Tetapi orang suruhan yang diberikan 1,000 wang emas menanam wang ini dalam tanah dan tidak mendapat apa-apa keuntungan.

Tuan memuji orang suruhan yang mendapat keuntungan 5,000 dan 2,000 wang emas dan memberikan mereka ganjaran, dan berkata "Baik sekali perbuatanmu itu, hai hambaku yang baik dan setia" (Matius 25:21). Namun dia memarahi orang suruhan yang menanam 1,000 wang emas dan berkata, "Hai kamu, hamba yang jahat dan malas" (ayat 26).

Tuhan juga memberikan kita banyak tanggungjawab bergantung kepada keupayaan diri, supaya kita dapat bekerja untuk-Nya. Hanya apabila kita telah memenuhi tanggungjawab dengan sepenuh kekuatan dan memanfaatkan kerajaan Tuhan, barulah kita boleh dikenali sebagai 'hamba yang baik dan setia'.

Untuk menjadikan kesetiaan kita diketahui

Definisi kamus bagi perkataan 'kesetiaan' adalah 'kualiti bertekun dalam kasih sayang atau taat setia, atau tegas dalam kepatuhan kepada janji atau dalam pelaksanaan tugas'. Di dalam dunia pun, manusia yang setia dipandang tinggi kerana boleh dipercayai.

Tetapi jenis kesetiaan yang diakui Tuhan berbeza daripada pandangan manusia duniawi. Kita tidak dianggap mempunyai kesetiaan rohani hanya dengan menjalankan tanggungjawab dengan ikhlas sempurna. Jika kita menumpukan segala usaha dan kehidupan terhadap satu aspek tertentu, ini tidak dianggap sebagai kesetiaan sempurna. Jika kita menjalankan tugas sebagai seorang isteri, ibu atau suami, adakah ini dianggap sebagai kesetiaan? Kita hanya melakukan apa yang kita perlu lakukan.

Orang yang setia secara rohani adalah harta dalam kerajaan Tuhan dan mereka mengeluarkan aroma yang harum. Mereka mengeluarkan aroma hati yang tidak berubah, aroma ketaatan yang teguh. Ia dapat dibandingkan dengan kepatuhan seekor lembu yang baik dan haruman hati yang boleh dipercayai. Jika kita dapat mengeluarkan haruman sebegini, Yesus akan menyatakan yang kita begitu indah dan mahu memeluk kita. Hal inilah yang berlaku kepada Musa.

Orang Israel telah menjadi hamba di Mesir selama lebih 400 tahun, dan Musa bertanggungjawab memimpin mereka ke tanah Kanaan. Dia amat disayangi Tuhan dan Tuhan bercakap dengannya secara berdepan. Dia setia dalam semua rumah Tuhan dan memenuhi semua perintah Tuhan terhadapnya. Dia langsung tidak memikirkan semua masalah yang bakal dihadapinya. Dia lebih setia dalam aspek memenuhi tugas sebagai pemimpin Israel serta setia terhadap keluarganya.

Suatu hari, bapa mertua Musa, Yitro, datang kepadanya. Musa memberitahunya tentang semua perkara menakjubkan yang Tuhan telah lakukan untuk orang Israel. Keesokan harinya, Yitro terlihat sesuatu yang aneh. Orang ramai beratur pada awal pagi lagi untuk bertemu Musa. Mereka bertemu Musa supaya dia dapat menyelesaikan pertikaian yang mereka sendiri tidak mampu selesaikan. Yitro memberikan cadangan.

Keluaran 18:21-22 menyatakan, "Di samping itu kau carilah dari seluruh bangsa itu orang-orang yang cakap dan takut akan Tuhan, orang-orang yang dapat dipercayai, dan yang benci kepada pengejaran suap; tempatkan mereka di antara bangsa itu menjadi pemimpin seribu orang, pemimpin seratus orang, pemimpin lima puluh orang dan pemimpin sepuluh orang. Dan sewaktu-waktu mereka harus mengadili di antara bangsa; maka segala perkara yang besar haruslah dihadapkan mereka kepadamu, tetapi segala perkara yang kecil diadili mereka sendiri. Dengan demikian mereka meringankan pekerjaanmu, dan mereka bersama-sama dengan engkau turut menanggungnya."

Musa mendengar kata-katanya. Dia sedar bahawa benar kata-kata bapa mertuanya dan menerima cadangan ini. Musa memilih beberapa orang yang membenci perkara tidak jujur dan melantik mereka sebagai pemimpin 1,000 orang, 100 orang, 50 orang atau 10 orang. Mereka bertindak sebagai hakim bagi orang ramai dalam hal-hal ringkas dan rutin dan Musa hanya menjadi hakim bagi pertelingkahan besar.

Kita dapat memiliki buah kesetiaan apabila kita menjalankan semua tanggungjawab dengan hati yang baik. Musa setia kepada keluarganya dan juga berkhidmat kepada orang lain. Dia menyumbangkan segala masa dan usaha, dan sebab ini dia dikenali sebagai seorang yang setia dalam semua rumah Tuhan. Bilangan 12:7-8 menyatakan, "Bukan demikian hamba-Ku Musa, seorang yang setia dalam segenap rumah-Ku; Dan Aku berbicara dengan dia berhadapan muka, secara jelas dan tidak dengan teka-teki. Bahkan rupa-Ku pun sudah dilihatnya!"

Jadi, apakah jenis manusia yang memiliki buah kesetiaan yang diakui Tuhan?

Lakukan lebih daripada kerja yang diberikan

Apabila pekerja dibayar gaji, kita tidak menyatakan yang mereka setia kerana mereka hanya melakukan tugas mereka. Kita boleh katakan yang mereka melakukan kerja, tetapi mereka hanya melakukan pekerjaan yang dibayar, jadi kita tidak boleh menyatakan yang mereka setia. Namun, dalam kalangan pekerja berbayar, ada sesetengah yang melakukan kerja lebih daripada yang dibayar. Mereka tidak melakukannya secara tidak rela atau memikirkan bahawa mereka perlu melakukan sekurang-kurangnya sebanyak yang dibayar. Mereka memenuhi tugas dengan sepenuh hati, minda dan jiwa, tanpa mengira masa dan wang, dan keinginan ini datangnya dari hati.

Sesetengah daripada pekerja gereja sepenuh masa melakukan kerja melebihi gaji yang dibayar kepada mereka. Mereka bekerja lebih masa atau semasa cuti, dan semasa tidak bekerja, mereka sentiasa memikirkan tentang tugas mereka terhadap Tuhan. Mereka sentiasa memikirkan cara yang lebih baik untuk berkhidmat kepada gereja dan ahlinya dengan melakukan kerja melebihi tugas sebenar. Selain itu, mereka mengambil peranan sebagai pemimpin kumpulan sel untuk menjaga kebajikan jiwa. Dengan cara inilah dapat diterangkan tentang kesetiaan, iaitu melakukan lebih daripada apa yang ditugaskan terhadap kita.

Dengan mengambil tanggungjawab juga, orang yang memiliki buah kesetiaan akan melakukan lebih daripada tanggungjawab yang diberikan kepada mereka. Contohnya, dalam kes Musa, dia menawarkan nyawanya sendiri semasa dia berdoa untuk menyelamatkan anak-anak Israel yang telah melakukan dosa. Kita dapat lihat hal ini dalam doa yang ditulis dalam Keluaran 32:31-32, yang menyatakan, "Bangsa itu sudah melakukan dosa besar. Mereka membuat tuhan dari emas. Tetapi sekarang, kiranya Engkau mengampuni dosa mereka itu - dan jika tidak, hapuslah kiranya namaku dari dalam kitab yang telah Kau tulis!"

Semasa Musa menjalankan tugasnya, dia bukan sahaja patuh dari segi tindakan terhadap perintah Tuhan kepadanya. Dia tidak berfikir,

'Aku telah melakukan yang terbaik dalam menyampaikan kehendak Tuhan kepada mereka, tetapi mereka tidak menerimanya. Aku tidak mampu membantu mereka lagi.' Dia memiliki hati Tuhan dan membimbing anak-anak Israel dengan sepenuh kasih sayang dan usaha. Itu sebabnya, apabila mereka melakukan dosa, dia berasakan bahawa ini adalah kesalahannya, dan dia mahu bertanggungjawab.

Hal ini sama dengan hawari Paulus. Roma 9:3 menyatakan, " Kerana saudara-saudara saya yang sebangsa dengan saya. Sebab untuk mereka, saya sendiri rela dikutuk oleh Tuhan dan diceraikan dari Kristus," Tetapi walaupun kita mendengar dan mengetahui tentang kesetiaan Paulus dan Musa, ini tidak bermakna kita telah menyemai kesetiaan.

Orang yang mempunyai kesetiaan dan menjalankan tugas mereka pun tidak akan bertindak seperti Musa jika mereka berada dalam situasi yang sama dengannya. Mereka akan menyatakan, "Ya Tuhan, aku telah melakukan yang terbaik. Aku berasa kasihan terhadap mereka, tetapi aku juga telah banyak menderita semasa memimpin mereka." Apa yang mereka katakan sebenarnya adalah "Aku yakin kerana aku telah melakukan segala-galanya yang perlu dilakukan." Atau, mereka mungkin bimbang akan menerima balasan bersama-sama dengan orang lain atas dosa mereka, walau pun mereka sendiri tidak terlibat. Hati manusia begini adalah jauh daripada kesetiaan.

Bukan semua orang boleh berdoa, "Tolongan ampunkan dosa mereka atau padamkan namaku daripada buku kehidupan." Ini hanya bermakna, jika kita mempunyai buah kesetiaan dalam hati, kita tidak boleh cuma menyatakan bahawa kita tidak bertanggungjawab terhadap kesilapan yang berlaku. Sebelum kita menyatakan bahawa kita telah melakukan yang terbaik dengan amalan, kita perlu memikirkan terlebih dahulu jenis hati yang kita miliki apabila tugas diberikan kepada kita.

Kita juga perlu memikirkan kasih sayang dan belas kasihan Tuhan terhadap jiwa dan Tuhan tidak mahu mereka musnah walau pun Dia menyatakan bahawa Dia akan menghukum mereka disebabkan dosa. Jadi, doa bagaimanakah yang kita perlu kita persembahkan kepada Tuhan? Kita mungkin akan menyatakan dari lubuk hati kita, "Ya Tuhan, ini semua salahku. Aku yang tidak memimpin mereka dengan lebih baik. Berikanlah mereka satu lagi peluang, pertimbangkanlah demi ku."

Hal ini sama dalam semua aspek lain. Orang yang setia bukan sahaja akan menyatakan, "Saya telah melakukan yang secukupnya," tetapi mereka akan bekerja berterusan dengan sepenuh hati mereka. Dalam 2 Korintus 12:15 Paulus menyatakan, "Kerana itu, dengan senang hati saya rela mengorbankan segala-galanya untukmu, bahkan diri saya sendiri pun. Kalau saya begitu mengasihi kalian, apakah patut kalian kurang mengasihi saya?"

Paulus tidak dipaksa untuk menjaga smeua jiwa dan dia tidak melakukannya supaya orang lain melihat. Dia gembira dalam menjalankan tanggungjawabnya dan itu sebabnya dia menyatakan bahawa dia sanggup berkorban untuk jiwa lain.

Dia berkali-kali menawarkan dirinya dengan sepenuh ketaatan untuk jiwa lain. Seperti Paulus, kesetiaan sebenar bermakna kita mampu melaksanakan tugas dengan lebih lagi, dengan perasaan gembira dan kasih sayang.

Setialah dalam kebenaran

Katakanlah seseorang menyertai satu geng dan dia menyerahkan hidupnya untuk bos geng ini. Adakah Tuhan akan menganggap dia seorang yang setia? Sudah tentu tidak! Tuhan akan mengakui kesetiaan kita hanya apabila kita setia dalam kebaikan dan kebenaran.

Orang Kristian yang menjalani kehidupan yang tekun dalam keimanan, mereka akan diberikan banyak tanggungjawab. Dalam sesetengah kes, mereka cuba untuk memenuhi tugas mereka dengan tekun pada mulanya, tetapi berikanlah mereka sedikit masa. Minda mereka akan diganggu dengan pengembangan perniagaan yang mereka rancangkan. Mereka mungkin akan hilang ketekunan terhadap tugas disebabkan kesusahan hidup atau kerana mereka mahu mengelakkan penindasan orang lain. Mengapakah mereka mengubah fikiran seperti ini? Ini kerana mereka mengabaikan kesetiaan rohani semasa bekerja untuk kerajaan Tuhan.

Kesetiaan rohani bermakna menyunatkan hati kita. Ini bermakna mencuci jubah hati kita secara berterusan. Ini bermakna menyingkirkan semua jenis dosa, dusta, kejahatan, ketidakbenaran, ketiadaan undang-undang, kegelapan dan jauh dari kesucian. Wahyu 2:10 menyatakan, "Hendaklah kalian setia kepada-Ku sampai mati, maka Aku akan memberikan kepadamu hidup sejati dan kekal sebagai hadiah kemenangan." Di sini, kesetiaan sehingga mati bukan sahaja bermakna kita perlu bekerja keras dan setia sehingga kematian fizikal. Ia juga bermakna kita perlu cuba mencapai Firman Tuhan dalam Alkitab secara sepenuhnya dengan seluruh kehidupan kita.

Untuk mencapai kesetiaan rohani, pertama sekali kita perlu bertarung menentang dosa sehingga ke tahap menumpahkan darah dan mematuhi perintah Tuhan. Keutamaan adalah untuk menyingkirkan kejahatan, dosa dan dusta yang amat dibenci Tuhan. Jika kita hanya bekerja keras secara fizikal tanpa menyunatkan hati, kita tidak boleh menganggapnya sebagai kesetiaan rohani. Seperti yang dikatakan oleh Paulus, "Saya mati setiap hari," kita perlu mematikan diri secara fizikal dengan sepenuhnya dan menjadi suci. Inilah yang dinamakan kesetiaan rohani.

Tuhan Bapa amat-amat inginkan kita untuk menjadi suci. Kita perlu menyedari hal ini dan melakukan usaha terbaik untuk menyunatkan hati kita. Ini tentu sekali tidak bermakna yang kita tidak boleh mengambil tugas lain sebelum menjadi suci sepenuhnya. Ini bermakna, dengan apa sahaja tugas yang kita pikul sekarang, kita perlu mencapai kesucian sambil memenuhi tugas.

Orang yang terus-menerus menyunatkan hati mereka tidak akan mengalami perubahan sikap dalam kesetiaan mereka. Mereka tidak akan melepaskan tugas yang berharga hanya kerana mereka mengalami kesukaran dalam kehidupan seharian atau gangguan hati. Tugas yang diberikan oleh Tuhan adalah janji antara kita dan Tuhan, dan kita jangan sekali-kali memungkiri janji dengan Tuhan walau pun berhadapan dengan kesusahan.

Sebaliknya, apa yang akan berlaku jika kita tidak melakukan sunat hati? Kita tidak akan mampu mengekalkan keteguhan hati apabila berdepan dengan kesusahan dan kepayahan. Kita mungkin akan meninggalkan hubungan kepercayaan dengan Tuhan dan melepaskan tugas. Jadi, jika kita mendapatkan semula kasih kurnia Tuhan, kita akan berusaha keras buat beberapa lama, dan kitaran ini akan terus berulang. Pekerja yang mempunyai turun naik begini tidak boleh diakui sebagai setia, walau pun mereka melakukan tugas dengan baik.

Untuk memiliki kesetiaan yang diakui Tuhan, kita mesti memiliki kesetiaan rohani juga, yang bermakna kita perlu menyunatkan hati. Namun, menyunatkan hati bukanlah ganjaran. Menyunatkan hati adalah satu kemestian bagi anak-anak Tuhan yang diselamatkan. Tetapi, jika kita menyingkirkan semua dosa dan memenuhi tugas dengan hati yang suci, kita akan dapat memiliki buah yang lebih baik berbanding jika kita memenuhi tugas dengan fikiran badaniah. Oleh itu, kita akan menerima ganjaran yang lebih baik.

Contohnya, anda melakukan kerja suka rela dengan bersungguh-sungguh sepanjang hari Ahad di gereja. Namun, anda bergaduh dengan orang lain dan berasa marah dengan ramai orang. Jika anda berkhidmat kepada gereja sambil merungut dan mempunyai perasaan benci, banyak ganjaran anda akan ditolak. Tetapi jika anda berkhidmat kepada gereja dengan kebaikan dan kasih sayang terhadap orang lain, semua kerja anda akan menjadi aroma yang diterima oleh Tuhan, dan setiap amalan anda akan menjadi ganjaran.

Bekerja menurut kehendak tuan mu

Dalam gereja, kita perlu bekerja menurut hati dan kehendak Tuhan. Kita juga perlu menurut kata-kata pemimpin dengan setia, berdasarkan kedudukan dalam gereja. Amsal 25:13 menyatakan, "Seperti sejuk salju di musim menuai, demikianlah pesuruh yang setia bagi orang-orang yang menyuruhnya. Dia menyegarkan hati tuan-tuannya."

Walau pun kita amat tekun dalam menjalankan tugas, kita tidak dapat menghentikan keinginan tuan jika kita melakukan apa yang kita mahu sahaja. Contohnya, katakanlah bos menyuruh anda berada di pejabat kerana seorang pelanggan yang penting akan datang. Tetapi anda mempunyai urusan berkaitan pejabat di luar dan anda menyelesaikan urusan ini, tetapi ia mengambil masa sepanjang hari. Walau pun anda keluar disebabkan urusan pejabat, pada pandangan bos, anda tidak setia.

Kita tidak mematuhi perintah disebabkan kita mengikut idea sendiri atau kerana kita mempunyai motif yang mementingkan diri. Manusia jenis ini mungkin dilihat melakukan khidmat kepada tuannya, tetapi dia tidak melaksanakannya dengan setia. Dia hanya mengikut fikiran dan keinginan sendiri, dan dia membuktikan bahawa dia mampu mengabaikan kehendak tuannya pada bila-bila masa.

Dalam Alkitab, kita membaca tentang seorang lelaki bernama Yoab, yang merupakan saudara dan jeneral bagi tentera Daud. Yoab bersama Daud melalui semua bahaya semasa Daud dikejar oleh Raja Saul. Dia bijaksana dan berani. Dia menguruskan semua perkara yang Daud mahu dilaksanakan. Semasa dia menyerang bani Amon dan merampas kota mereka, dia memberi laluan kepada Daud untuk mendapat kuasa. Dia tidak mahukan pujian kerana merampas kota ini tetapi membiarkan Daud menerima semua pujian.

Dia berkhidmat kepada Daud dengan cara ini, tetapi Daud tidak selesa dengannya. Ini kerana dia ingkar terhadap Daud apabila sesuatu itu memberikannya keuntungan peribadi. Yoab tidak teragak-agak bertindak biadab di hadapan Daud semata-mata untuk mencapai matlamatnya.

Contohnya, jeneral Abner, yang merupakan musuh Daud, datang kepadanya untuk menyerah diri. Daud menerima penyerahan diri ini dan menyuruhnya pulang. Daud berasakan bahawa dia dapat menstabilkan orang ramai dengan lebih cepat apabila dia menerima jeneral ini. Namun apabila Yoab mendapat tahu tentang hal ini, dia mengikut Abner dan membunuhnya. Ini kerana Abner telah membunuh saudara Yoab dalam peperangan sebelumnya. Dia tahu bahawa Daud akan mengalami situasi rumit jika dia membunuh Abner, namun dia tetap mengikut emosinya.

Selain itu, semasa anak lelaki Daud, Absalom, bangkit menentang ayahnya, Daud meminta para askar yang akan berperang dengan Absalom untuk melayan anaknya dengan kebaikan. Yoab membunuh Absalom walau pun dia menyedari arahan ini. Mungkin jika mereka membiarkan Absalom hidup, dia akan melakukan pemberontakan sekali lagi, tetapi isu utama di sini adalah Yoab mengingkari arahan raja dengan sesuka hati.

Walau pun dia telah melalui kesusahan bersama dengan raja, dia ingkar pada saat-saat getir, dan sebab itu Daud tidak mempercayainya.

Akhirnya, Yoab memberontak terhadap Raja Salomo, anak lelaki Daud, dan dia dihukum mati. Pada masa ini, dia tidak mematuhi wasiat Daud, sebaliknya dia mahu memilih orang lain yang dirasakan lebih sesuai menjadi raja. Dia berkhidmat kepada Daud sepanjang hayatnya, tetapi dia yang sepatutnya menjadi seorang askar kepujian mengakhiri hayatnya sebagai seorang pemberontak.

Apabila kita melakukan kerja Tuhan, faktor yang paling penting adalah sama ada kita mengikut kehendak Tuhan, dan bukannya cita-cita tinggi kita. Tiada gunanya kita setia jika kita menentang kehendak Tuhan. Apabila kita bekerja di gereja, kita juga perlu menurut kata-kata pemimpin sebelum kita bertindak mengikut pendapat sendiri. Dengan cara ini, musuh iaitu iblis dan syaitan tidak akan membawa apa-apa pertuduhan dan kita akan memberikan keagungan kepada Tuhan.

Setialah dalam semua rumah Tuhan

'Setia dalam semua rumah Tuhan' bermakna setia dalam semua aspek berkaitan diri sendiri. Dalam gereja, kita perlu menjalankan semua tanggungjawab walau pun kita mempunyai banyak tanggungjawab. Walau pun kita tidak mempunyai tugas tertentu dalam gereja, salah satu daripada tugas kita adalah untuk hadir di tempat yang diperlukan sebagai seorang ahli gereja.

Bukan sahaja di dalam gereja, tetapi juga di tempat kerja dan sekolah, semua orang mempunyai tugas masing-masing. Dalam semua aspek ini, kita perlu menjalankan tugas sebagai seorang ahli. Untuk setia dalam semua rumah Tuhan adalah untuk menjalankan tugas dalam semua segi kehidupan: sebagai anak Tuhan, sebagai pemimpin atau ahli gereja, sebagai ahli keluarga, sebagai pekerja, pelajar atau guru di sekolah. Kita tidak sepatutnya hanya setia dalam satu atau dua tugas dan mengabaikan tugas-tugas lain. Kita perlu setia dalam semua aspek.

Mungkin ada yang terfikir, 'Saya hanya ada satu badan dan bagaimana saya mampu setia dalam semua perkara?' Tetapi sejauh mana kita berubah menjadi roh, tidak sukar untuk setia dalam semua rumah Tuhan. Walau pun kita hanya melaburkan sedikit masa, kita tentu akan mendapat ganjaran jika kita beramal dalam roh.

Selain itu, orang yang telah berubah menjadi roh tidak hanya mementingkan faedah dan keselesaan sendiri tetapi juga mementingkan manfaat orang lain. Mereka melihat sesuatu perkara daripada sudut pandangan orang lain terlebih dahulu. Oleh itu, orang begini akan menyelesaikan semua tugas mereka walau pun terpaksa mengorbankan diri sendiri. Sejauh mana kita mencapai tahap roh, hati kita akan dipenuhi kebaikan. Dan jika kita baik, kita tidak akan cenderung ke arah satu pihak sahaja. Jadi, walau pun kita mempunyai banyak tugas, kita tidak akan mengabaikan tugas-tugas lain.

Kita akan melakukan yang terbaik untuk menjaga persekitaran, dan lebih menjaga kebajikan orang lain. Jadi, orang di sekeliling kita akan berasakan kebenaran dalam hati kita. Mereka tidak akan berasa kecewa kerana kita tidak dapat berada bersama mereka setiap masa tetapi mereka akan bersyukur kerana kita mengambil berat terhadap mereka.

Contohnya, katakanlah seorang mempunyai dua tugas, sebagai pemimpin dalam satu kumpulan dan ahli dalam satu kumpulan lain. Di sini, jika dia mempunyai kebaikan dan memiliki buah kesetiaan, dia tidak akan mengabaikan mana-mana tanggungjawab. Dia tidak akan menyatakan, "ahli kumpulan ini akan faham mengapa saya tidak dapat bersama-sama mereka kerana saya ialah pemimpin bagi kumpulan yang satu lagi." Jika dia tidak dapat berada secara fizikal dengan kumpulan yang satu lagi, dia akan cuba membantu dengan cara lain dan dengan hatinya. Sama juga, kita dapat setia dalam semua rumah Tuhan dan berdamai dengan semua orang setakat mana kita mempunyai kebaikan.

Kesetiaan bagi kerajaan dan kebenaran Tuhan

Yusuf dijual sebagai hamba ke rumah Potifar, iaitu kapten pengawal diraja. Yusuf amat setia dan boleh dipercayai sehinggakan Potifar mengamanahkan semua kerja di rumah kepada hamba muda ini dan tidak mengambil kisah tentang apa yang dilakukannya. Ini kerana Yusuf melakukan kerja dengan cermat dan sebaik mungkin, kerana dia memiliki hati tuannya.

Kerajaan Tuhan juga memerlukan ramai pekerja setia seperti Yusuf dalam banyak aspek. Jika anda mempunyai tugas tertentu, dan anda melaksanakannya dengan setia sehinggakan pemimpin anda tidak perlu risau tentang apa pun, anda akan membawa suatu kekuatan tidak terhingga terhadap kerajaan Tuhan!

Lukas 16:10 menyatakan, "Barang siapa setia dalam perkara-perkara kecil, dia setia juga dalam perkara-perkara besar. Dan barang siapa tidak benar dalam perkara-perkara kecil, dia tidak benar juga dalam perkara-perkara besar." Walau pun dia berkhidmat terhadap seorang tuan secara fizikal, Yusuf jga setia dalam keimanannya terhadap Tuhan. Tuhan tidak menganggap hal ini sesuatu yang tidak bermakna, malah Dia menjadikan Yusuf Perdana Menteri Mesir.

Saya tidak pernah sambil lewa apabila melaksanakan kerja Tuhan. Saya selalu berdoa sepanjang malam, contohnya sebelum pembukaan gereja, tetapi selepas gereja dibuka, saya berdoa dari tengah malam sehingga jam 4 pagi secara bersendirian dan memimpin jemaah doa subuh pada jam 5 pagi. Pada waktu itu, kami masih belum memulakan jemaah doa Daniel seperti yang ada sekarang, yang bermula jam 9 malam. Kami masih belum mempunyai paderi atau pemimpin sel lain, jadi saya terpaksa memimpin semua jemaah doa subuh secara bersendirian. Namun, saya tidak pernah tertinggal satu hari pun.

Selain itu, saya perlu menyediakan semua ceramah bagi jemaah Ahad, Rabu dan jemaah sepanjang malam Jumaat, sambil pada masa yang sama menghadiri seminari teologi. Saya tidak pernah mengagihkan tugas kepada orang lain hanya kerana saya penat. Selepas pulang dari seminari, saya mengendalikan orang sakit atau melawat ahli gereja. Terdapat terlalu ramai orang sakit yang datang dari seluruh pelosok negara. Saya bertekad di dalam hati setiap kali saya melawat ahli gereja bahawa saya mahu berkhidmat secara rohani untuk mereka.

Pada masa itu, sesetengah pelajar terpaksa mengambil bas dengan dua atau tiga kali pertukaran untuk datang ke gereja. Kini, kami mempunyai bas yang datang terus ke gereja, namun pada waktu itu perkhidmatan ini masih belum wujud. Saya mahukan para pelajar untuk datang ke gereja tanpa perlu risau tentang tambang bas. Saya mengikut para pelajar selepas jemaah doa ke perhentian bas dan memberikan mereka token atau tiket bas dan menemani mereka pulang. Saya memberikan mereka token bas yang cukup untuk mereka datang ke gereja pada kali berikutnya juga. Jumlah derma bagi gereja hanya beberapa puluh dolar, dan tambang mereka tidak mampu ditampung oleh gereja. Saya memberikan mereka tambang bas dengan duit saya sendiri.

Apabila ahli baru mendaftar, saya menganggap mereka sebagai harta yang berharga, jadi saya berdoa untuk mereka dan berkhidmat untuk mereka dengan kasih sayang serta tidak mahu kehilangan walau seorang pun. Atas sebab ini, pada waktu itu, tiada seorang ahli yang mendaftar dengan gereja keluar dari gereja. Gereja kami terus berkembang disebabkan hal ini. Kini gereja kami telah mempunyai ramai ahli, tetapi adakah ini bermakna kesetiaan saya telah berkurangan? Sudah tentu tidak! Api yang membara dalam diri saya untuk seluruh jiwa tidak pernah padam.

Kini, kami mempunyai lebih daripada 10,000 cawangan gereja serta begitu ramai paderi, paderi kanan, dan pemimpin untuk daerah, daerah kecil, dan kumpulan sel. Namun, doa dan kasih sayang saya terhadap jiwa semakin bertambah kental.

Adakah kesetiaan anda terhadap Tuhan berkurangan? Adakah ada antara anda yang dahulunya diberikan tugas berkhidmat kepada Tuhan, tetapi kini tidak lagi mempunyai tugas ini? Jika anda mempunyai tugas yang sama seperti pada masa dahulu, adakah semangat anda untuk tugas ini telah malap? Jika kita mempunyai keimanan sejati, kesetiaan kita akan bertambah apabila kita menjadi matang dalam keimanan, dan kita setia dalam Yesus untuk mencapai kerajaan Tuhan dan menyelamatkan banyak jiwa. Jadi, kita akan menerima banyak ganjaran di Syurga kelak!

Jika Tuhan mahukan kesetiaan hanya dari segi amalan, Dia tidak perlu menciptakan manusia, kerana ada banyak makhluk syurgawi dan malaikat yang amat patuh terhadap Tuhan. Tetapi Tuhan tidak mahukan seseorang yang patuh tanpa bersyarat, seperti robot. Dia mahukan anak-anak yang akan setia dengan kasih sayang mereka untuk Tuhan yang berputik dari lubuk hati mereka.

Mazmur 101:6 menyatakan, " Mataku tertuju kepada orang-orang yang setia di negeri, supaya mereka diam bersama-sama dengan aku. Orang yang hidup dengan cara yang tak bercela, akan melayani aku." Orang yang menyingkirkan semua bentuk kejahatan dan menjadi setia dalam semua rumah Tuhan akan menerima rahmat untuk masuk ke Yerusalem Baru, yang merupakan tempat tinggal paling indah di Syurga. Oleh itu, saya berharap agar anda akan menjadi pekerja yang menjadi seperti tiang kepada kerajaan tuhan dan menikmati keagungan untuk berada dekat dengan singgahsana Tuhan.

Matius 11:29

"Ikutlah perintah-Ku dan belajarlah daripada-Ku,
kerana Aku lemah lembut dan rendah hati,
dan jiwamu akan mendapat ketenangan."

Bab 9

Kelembutan

Kelembutan untuk menerima ramai orang

Kelembutan rohani disertai kemurahan hati

Ciri-ciri orang yang memiliki buah kelembutan

Untuk memiliki buah kelembutan

Memupuk tanah yang subur

Rahmat bagi orang yang lembut

Kelembutan

Menariknya, ramai orang risau tentang panas baran, kemurungan atau berkenaan sikap mereka yang terlalu introvert atau ekstrovert. Sesetengah orang meletakkan segala-galanya ke atas personaliti mereka apabila sesuatu situasi yang tidak diingini berlaku dan berkata, "Tak boleh buat apa, ini personaliti saya." Namun Tuhan yang menciptakan manusia, dan tidak sukar bagi Tuhan untuk mengubah personaliti manusia dengan kuasa-Nya.

Musa pernah membunuh seorang lelaki disebabkan sikap panas barannya, tetapi dia diubah dengan kuasa Tuhan sehingga dia diakui oleh Tuhan sebagai manusia yang paling merendah diri dan lemah lembut di dunia. Hawari Yohanes digelar, 'anak guruh', tetapi dia diubah dengan kuasa Tuhan dan diakui sebagai 'hawari yang lemah lembut'.

Jika mereka sanggup menyingkirkan kejahatan dan menggemburkan ladang hati, orang yang panas baran, yang berlagak, dan orang yang mementingkan diri sekali pun mampu diubah dan memupuk sifat-sifat kelembutan.

Kelembutan untuk menerima ramai orang

Dalam kamus, kelembutan adalah kualiti atau keadaan lembut, lemah, lembut hati. Orang yang bersifat penakut atau 'pemalu dan tidak sosial', atau orang yang tidak pandai melahirkan perasaan mereka adalah orang yang kelihatan lembut. Orang yang naif atau tidak mudah marah kerana mempunyai tahap intelek yang rendah mungkin dilihat sebagai lembut oleh manusia di dunia.

Namun, kelembutan roh bukan hanya terletak dalam kelemahan dan kelembutan. Ia bermakna mempunyai kebijaksanaan dan keupayaan untuk membezakan perkara yang betul dan salah, dan pada masa yang sama mampu memahami dan menerima semua orang, kerana di dalam diri mereka tidak wujud kejahatan. Ini bermakna, kelembutan rohani adalah memiliki kemurahan hati berserta sifat yang lemah dan lembut.

Jika anda mempunyai kemurahan hati yang mulia ini, anda bukan sahaja akan lemah pada setiap masa, namun anda akan mempunyai maruah diri yang tegas apabila diperlukan.

Hati orang yang lembut adalah seperti kapas. Jika anda melemparkan batu ke arah kapas atau mencucuknya dengan jarum, kapas akan meliputi dan meliputi objek itu. Sama juga, tidak kira bagaimana orang lain melayan mereka, orang yang lembut dari segi rohani tidak akan mempunyai perasaan kurang senang dalam hati mereka. Mereka tidak akan berasa marah atau berasa tidak selesa, dan mereka tidak akan menyebabkan orang lain berasa tidak selesa juga.

Mereka tidak menilai atau mengutuk orang lain, malah mereka amat memahami dan mudah menerima. Orang lain akan berasa selesa dengan mereka, dan ramai orang akan dapat datang dan berehat dalam orang yang lembut. Mereka sama seperti pokok besar yang mempunyai banyak dahan di mana burung dapat datang, membuat sarang dan berehat di atasnya.

Musa adalah seorang manusia yang diakui Tuhan sebagai lemah lembut. Bilangan 12:3 menyatakan, "Musa adalah orang yang sangat rendah hati, melebihi semua orang yang hidup di bumi ini.." Pada waktu Keluaran berlaku, jumlah anak Israel adalah lebih daripada 600,000 orang lelaki dewasa. Jika dihitung wanita dan kanak-kanak, jumlahnya melebihi dua juta orang. Memimpin begitu ramai orang adalah suatu tugas yang sukar bagi seorang manusia biasa.

Hal ini lebih sukar lagi bagi orang yang mempunyai hati yang keras sebagai bekas hamba Mesir. Jika anda dipukul dengan kerap, mendengar bahasa yang kesat dan kasar, dan melakukan kerja keras sebagai hamba, hati anda akan menjadi kasar dan keras. Dalam keadaan ini, bukan mudah untuk memupuk kasih kurnia dalam hati mereka atau untuk mereka mengasihi Tuhan secara ikhlas dari hati. Itu sebabnya mereka banyak kali ingkar terhadap Tuhan walau pun Musa telah menunjukkan mereka kuasa yang begitu hebat.

Apabila berdepan dengan sedikit kesusahan, mereka mula merungut dan mahu menentang Musa. Hanya dengan melihatkan Musa yang memimpin mereka di padang pasir selama 40 tahun, kita dapat memahami kedalaman kelembutan rohani yang dimiliki Musa. Hati Musa adalah kelembutan rohani, yang merupakan satu daripada buah Roh Kudus.

Kelembutan rohani disertai kemurahan hati

Namun mungkin ada antara kita yang terfikir, 'Saya tidak mudah marah, dan saya fikir saya lebih lembut berbanding orang lain, namun saya tidak menerima jawapan bagi doa saya. Saya juga tidak mendengar suara Roh Kudus dengan jelas'? Jika demikian, anda perlu memeriksa sama ada kelembutan anda adalah kelembutan badaniah. Orang mungkin akan menganggap anda lembut jika anda kelihatan tenang dan aman, tetapi ini hanyalah kelembutan badaniah.

Tuhan mahukan kelembutan rohani. Kelembutan rohani bukan hanya menjadi lembut dan lemah, ia perlu disertai dengan kemurahan hati mulia. Berserta kelemahan dalam hati, anda juga perlu memiliki kualiti kemurahan hati mulia yang terlihat dari segi luaran untuk memupuk kelembutan rohani yang sempurna. Hal ini sama dengan seseorang yang mempunyai sikap yang cemerlang dan memakai pakaian yang sepadan dengan sikapnya. Walau pun jika seseorang itu mempunyai sikap yang baik, jika dia berbogel tanpa berpakaian, kebogelan akan menyebabkan dia malu. Sama juga, kelembutan tanpa kemurahan hati mulia adalah tidak lengkap.

Kemurahan hati mulia adalah seperti pakaian yang membuatkan kelembutan bersinar, tetapi ia berbeza dengan tindakan yang mematuhi undang-undang atau bersifat hipokrit. Jika kesucian tidak wujud dalam hati, anda tidak boleh dianggap sebagai memiliki kemurahan hati mulia hanya kerana anda membuat amalan luaran yang baik. Jika anda cenderung menunjukkan tindakan yang sesuai dan bukannya memupuk hati, anda akhirnya tidak akan menyedari kelemahan diri dan memikirkan bahawa anda telah mencapai pertumbuhan rohani ke tahap yang hebat.

Di dunia ini pun, manusia yang mempunyai perwatakan yang baik tanpa personaliti yang sepadan tidak akan memenangi hati orang lain. Dalam keimanan juga, fokus terhadap amalan luaran tanpa memupuk kecantikan dalaman adalah tidak bermakna.

Contohnya, sesetengah orang berkelakuan baik, namun mereka mengadili dan memandang rendah terhadap orang lain yang tidak berkelakuan seperti mereka. Mereka juga mungkin akan menekankan piawaian diri sendiri apabila berhadapan dengan orang lain dan berfikir, 'Inilah jalan yang betul, mengapa mereka tidak melakukannya dengan cara ini?' Mereka mungkin akan memberi nasihat yang baik, tetapi mereka sendiri menilai orang lain dalam hati, dna mereka bercakap berdasarkan perasaan diri sendiri betul dan dengan perasaan kurang senang. Orang lain tidak dapat berehat dalam manusia begini. Mereka akan berasa terluka dan putus asa, jadi mereka tidak akan kekal rapat dengan orang begini.

Sesetengah orang juga mungkin akan berasa marah dan kurang senang dalam perasaan diri sendiri betul dan kejahatan ini. Namun mereka berasakan bahawa mereka mempunyai 'kemarahan yang benar' dan ini adalah untuk kebaikan orang lain. Namun, orang yang memiliki kemurahan hati mulia akan kekal tenang dalam semua situasi.

Jika anda benar-benar mahu memiliki buah Roh Kudus dengan sempurna, anda tidak boleh melindungi kejahatan dalam hati dengan perwatakan luaran. Jika anda berbuat demikian, anda hanya melakukannya untuk menunjuk kepada orang lain. Anda perlu memeriksa diri sendiri berkali-kali dalam setiap perkara dan memilih jalan kebaikan.

Ciri-ciri orang yang memiliki buah kelembutan

Apabila orang lain melihat manusia yang lembut dan mempunyai hati yang besar, mereka menyatakan bahawa hati manusia begini adalah seperti lautan. Lautan menerima semua air yang tercemar dari sungai dan menyucikannya. Jika kita menyemai hati yang besar dan lembut seperti lautan, kita akan mampu memimpin walau jiwa yang dicemari dosa sekali pun ke jalan penyelamatan.

Jika kita memiliki kemurahan hati dari segi luaran dan kelembutan dalaman, kita akan memenangi hati ramai manusia, dan akan mencapai banyak perkara hebat. Biar saya berikan beberapa contoh sikap orang yang memiliki buah kelembutan.

Pertama, mereka mulia dan bersederhana dalam tindakan.

Orang yang sikapnya kelihatan lemah namun sebenarnya tidak tetap pendirian tidak dapat menerima orang lain. Mereka akan dipandang rendah dan dipergunakan oleh orang lain. Berdasarkan sejarah, kita lihat sesetengah raja berwatak lembut tetapi tidak mempunyai kemurahan hati mulia, jadi negaranya tidak stabil. Manusia pada zaman moden menganggap raja begini bukan sebagai seorang yang lembut tetapi seorang raja yang tidak berkemampuan dan tidak berpendirian.

Sebaliknya, sesetengah raja mempunyai perwatakan yang mesra dan lemah serta bijaksana dan bermaruah. Di bawah pemerintahan raja begini, negara menjadi stabil dan rakyat hidup dalam keamanan. Sama juga, orang yang memiliki kelembutan dan kemurahan hati mulia akan mempunyai piawaian penilaian yang betul. Mereka akan melakukan perkara yang benar dengan menilai perkara yang betul dan salah.

Apabila Yesus menyucikan Rumah Ibadat dan marah dengan sikap hipokrit orang Farisi dan ahli kitab, Dia bersikap kuat dan tegas. Dia mempunyai hati yang lembut yang 'tidak memotong buluh yang patah dan memadamkan sumbu yang malap', namun Dia masih memarahi orang lain dengan tegas jika perlu. Jika anda mempunyai kemuliaan dan kebenaran begini dalam hati, orang lain tidak akan memandang rendah terhadap anda walau pun anda tidak pernah meninggikan suara atau cuba bertegas.

Perwatakan luaran juga berkaitan dengan memiliki sifat-sifat Yesus dan amalan sempurna badan. Orang yang mulia mempunyai maruah, kekuasaan dan menyatakan hal yang penting; mereka tidak bercakap secara suka-suka sahaja. Mereka memakai pakaian yang bersesuaian dengan keadaan. Mereka mempunyai ekspresi wajah yang lembut, bukannya kasar atau dingin.

Contohnya, katakanlah seseorang mempunyai rambut dan pakaian yang tidak terurus, dan perwatakannya tidak kelihatan bermaruah. Katakanlah dia juga suka berjenaka dan bercakap tentang perkara-perkara tidak berfaedah. Mungkin sukar untuk manusia begini mendapatkan kepercayaan dan rasa hormat daripada orang lain. Orang lain mungkin tidak akan mahu diterima olehnya.

Jika Yesus berjenaka setiap masa, para hawari-Nya mungkin juga akan cuba berjenaka dengan-Nya. Jadi, jika Yesus mengajarkan mereka sesuatu yang sukar, mereka mungkin akan membantah dan menyuarakan pendapat sendiri. Namun, mereka tidak berani berbuat begitu. Orang yang datang untuk berdebat dengan Yesus juga tidak mampu berdebat dengan baik disebabkan maruah diri Yesus yang tinggi. Kata-kata dan tindakan Yesus selalunya berisi dan bermaruah, jadi orang lain tidak akan memandang enteng terhadap-Nya.

Tentu sekali, kadang kala orang yang mempunyai hierarki yang tinggi boleh berjenaka kepada orang bawahannya untuk meredakan suasana. Tetapi jika orang bawahan berjenaka bersama-sama dengan cara yang tidak elok, ini bermakna mereka tidak mempunyai pemahaman yang betul. Tetapi jika pemimpin tidak lurus dan jujur, dan menunjukkan perwatakan yang keliru, mereka tidak akan mendapat kepercayaan daripada orang lain juga. Terutamanya, pegawai kanan berpangkat tinggi dalam syarikat mesti mempunyai sikap yang benar, cara percakapan dan kelakuan yang benar.

Seorang yang berpangkat tinggi dalam sebuah organisasi mungkin bercakap dengan bahasa yang tinggi dan berkelakuan dengan penuh hormat di hadapan orang bawahannya, namun kadang kala, jika salah seorang daripada orang bawahan menunjukkan sikap hormat yang berlebihan, pegawai atasan ini mungkin akan bercakap dalam bahasa biasa untuk membuatkan dia berasa selesa. Dalam situasi ini, berkelakuan tidak terlalu sopan akan membuatkan orang bawahan berasa lebih selesa dan dia akan lebih terbuka dengan cara ini. Namun, walau pun orang atasan cuba membuatkan orang bawahan berasa selesa, orang bawahan tidak sepatutnya memandang rendah terhadap orang atasan, bertengkar dengan mereka, atau ingkar terhadap mereka.

Roma 15:2 menyatakan, "Setiap orang di antara kita harus mencari kesenangan sesama kita demi kebaikannya untuk membangunnya." Filipi 4:8 menyatakan, "Jadi akhirnya, saudara-saudara, semua yang benar, semua yang mulia, semua yang adil, semua yang suci, semua yang manis, semua yang sedap didengar, semua yang disebut kebajikan dan patut dipuji, fikirkanlah semuanya itu." Sama juga, orang yang mulia dan bermurah hati akan melakukan semua perkara dengan kebenaran, dan mereka juga mempunyai pertimbangan untuk membuatkan orang lain berasa selesa.

Kemudian, tindakan yang lembut menunjukkan belas ihsan dan belas kasihan.

Mereka bukan sahaja membantu orang yang memerlukan bantuan

kewangan tetapi orang yang lemah dari segi rohani dan membuatkan mereka beras selesa, dan menunjukkan mereka kasih kurnia. Walau pun mereka mempunyai kelembutan dalam diri, jika kelembutan ini hanya berada dalam hati, sukar bagi mereka untuk mengeluarkan haruman Kristus.

Contohnya, katakanlah ada seorang penganut wanita yang menderita akibat hukuman disebabkan keimanannya. Jika pemimpin gereja di sekelilingnya mendapat tahu, mereka akan berasa belas kasihan terhadapnya dan berdoa untuknya. Mereka adalah jenis pemimpin yang berasa belas kasihan hanya di dalam hati. Sebaliknya, ada juga pemimpin yang akan memberikan wanita ini semangat dan menenangkan hatinya, serta membantunya dari segi tindakan dan amalan berkaitan situasi ini. Mereka menguatkan dirinya untuk mengatasi cabaran ini dengan keimanan.

Jadi, pertimbangan hanya di dalam hati dan menunjukkan tindakan sebenar adalah dua aksi berbeza terhadap orang yang berhadapan masalah. Apabila kelembutan terlihat di bahagian luaran sebagai amalan yang bermurah hati, ia dapat memberikan kasih kurnia dan kehidupan terhadap orang lain. Oleh itu, apabila Alkitab menyatakan 'orang lembut akan mewarisi dunia' (Matius 5:5), ia berkait rapat dengan kesetiaan yang menunjukkan kesan kemurahan hati mulia. Untuk mewarisi dunia berkait pula dengan ganjaran syurga. Lazimnya, menerima ganjaran syurga berkait dengan kesetiaan. Apabila anda menerima hadiah penghargaan, kepujian, atau anugerah untuk penyebaran agama daripada gereja, ini adalah disebabkan kesetiaan anda.

Sama juga, orang yang lembut akan menerima rahmat, tetapi ia bukan datang daripada hati yang lembut sahaja. Apabila hati yang lembut diperlihatkan dengan amalan yang bermurah hati dan mulia, ia akan membuahkan kesetiaan. Dengan ini, manusia akan menerima ganjaran. Ini bermaksud, apabila anda menerima banyak jiwa dengan kemurahan hati, menyenangkan hati dan menggalakkan serta memberikan mereka kehidupan, anda akan mewarisi dunia di Syurga melalui amalan tersebut.

Untuk memiliki buah kelembutan

Jadi, bagaimana kita dapat memiliki buah kelembutan? Secara ringkasnya, kita perlu memupuk hati kita menjadi tanah yang subur.

Dan Dia mengucapkan banyak hal dalam perumpamaan kepada mereka. Kata-Nya: "Adalah seorang penabur keluar untuk menabur. Pada waktu ia menabur, sebahagian benih itu jatuh di pinggir jalan, lalu datanglah burung dan memakannya sampai habis. Sebahagian jatuh di tanah yang berbatu-batu, yang tidak banyak tanahnya, lalu benih itu pun segera tumbuh, kerana tanahnya tipis. Tetapi sesudah matahari terbit, layulah ia dan menjadi kering kerana tidak berakar. Sebahagian lagi jatuh di tengah semak duri, lalu makin besarlah semak itu dan menghimpit sampai mati. Dan sebahagian jatuh di tanah yang baik lalu berbuah: ada yang seratus kali lipat, ada yang enam puluh kali lipat, ada yang tiga puluh kali lipat" (Matius 13:3-8).

Dalam Matius bab 13, hati kita disamakan dengan empat jenis tanah. Ia dapat dikelaskan kepada tepi jalan, tanah berbatu, padang duri dan tanah subur.

Tanah hati yang disamakan dengan tanah di tepi jala perlu dibongkarkan daripada sifat diri sendiri yang betul dan rangka kerja mementingkan diri

Tepi jalan selalu dipijak orang dan ia keras, jadi benih tidak dapat ditanam di sini. Benih tidak dapat berakar dan akan dimakan burung.

Orang yang memiliki hati begini juga memiliki minda yang degil. Mereka tidak membuka hati terhadap kebenaran, jadi mereka tidak akan bertemu Tuhan dan memiliki keimanan.

Pengetahuan dan sistem nilai mereka telah terbentuk dengan begitu kukuh sehingga mereka tidak dapat menerima Firman Tuhan. Mereka benar-benar percaya bahawa mereka benar. Untuk mereka memecahkan sifat diri sendiri betul dan rangka kerja ini, mereka perlu memusnahkan kejahatan dalam hati terlebih dahulu. Sukar untuk membuang sifat diri sendiri yang betul dan rangka kerja jika seseorang menyimpan perasaan bangga diri, tinggi diri, kedegilan dan kesalahan. Kejahatan begini menyebabkan seseorang mempunyai fikiran badaniah yang menghalang mereka daripada mempercayai Firman Tuhan.

Contohnya, orang yang menyimpan perkara yang salah dalam minda mereka tidak dapat mengelak daripada berasa ragu walau pun jika orang lain memberitahu mereka perkara yang benar. Roma 8:7 menyatakan, "Sebab keinginan daging adalah perseteruan terhadap Tuhan, kerana ia tidak takluk kepada hukum Tuhan; hal ini memang tidak mungkin baginya." Seperti yang dinyatakan, mereka tidak mampu menyatakan 'Amin' terhadap Firman Tuhan dan tidak mematuhinya.

Sesetengah orang bersikap degil pada mulanya, tetapi apabila mereka menerima kasih kurnia dan fikiran mereka berubah, mereka menjadi sangat bersemangat dalam keimanan. Ini adalah kes di mana mereka mempunyai fikiran luaran yang keras tetapi hati dalaman yang lembut dan lemah. Namun, manusia yang seperti tanah tepi jalan ini berbeza daripada manusia yang lembut. Mereka mempunyai hati dalaman yang juga keras. Hati yang keras di bahagian luar tetapi lembut di dalam boleh disamakan dengan lapisan ais yang nipis manakala tepi jalan boleh disamakan dengan kolam air yang beku sehingga ke dasarnya.

Hati yang seperti tepi jalan telah keras dengan dusta dan kejahatan buat jangka masa yang lama, dan bukan mudah untuk melembutkannya dalam tempoh yang singkat. Kita perlu terus memecahkan ais ini secara berterusan untuk memupuknya. Apabila Firman Tuhan tidak selari dengan fikiran mereka perlu berfikir sama ada fikiran mereka adalah benar. Mereka juga perlu melakukan banyak amalan kebaikan supaya Tuhan dapat memberikan mereka kasih kurnia.

Kadang kala, sesetengah orang akan meminta saya berdoa supaya mereka akan mempunyai keimanan. Saya kasihan kerana mereka masih tidak mampu beriman walau pun setelah menyaksikan kuasa Tuhan dan banyak mendengar tentang Firman Tuhan, tetapi hal ini lebih baik daripada langsung tidak mencuba. Dalam kes hati yang sama seperti tepi jalan, ahli keluarga dan pemimpin gereja perlu berdoa untuk mereka dan memimpin mereka, namun mereka juga perlu berusaha. Kemudian, pada suatu masa, benih Firman akan mula bercambah dalam hati mereka.

Hati yang disamakan dengan tanah berbatu perlu menyingkirkan kasih sayang terhadap dunia

Jika anda menyemai benih di atas tanah berbatu, benih akan bercambah tetapi tidak dapat tumbuh dengan baik disebabkan batu-batu ini. Dengan cara yang sama, orang yang memiliki hati seperti tanah berbatu akhirnya akan tewas dengan ujian, hukuman atau godaan yang datang.

Apabila mereka menerima kasih kurnia Tuhan, mereka berasa seperti mahu cuba hidup berlandaskan Firman Tuhan. Mereka juga mungkin akan mengalami kerja berapi Roh Kudus. Ini bermakna benih Firman jatuh ke dalam hati mereka dan telah bercambah. Namun, selepas menerima kasih kurnia ini, mereka mempunyai pemikiran bercanggah yang timbul apabila mereka mula mahu pergi ke gereja pada hari Ahad berikutnya. Mereka telah mengalami Roh Kudus, tetapi mula berasa ragu-ragu yang hal ini adalah satu kerujaan emosi. Mereka mempunyai fikiran yang menyebabkan mereka ragu-ragu, dan mereka menutup pintu hati mereka sekali lagi.

Bagi sesetengah orang, konflik ini boleh jadi kesukaran untuk menghentikan hobi atau hiburan lain yang telah lazim dinikmati, dan mereka tidak menghormati hari suci Tuhan. Jika mereka dihukum oleh ahli keluarga atau bos mereka di tempat kerja semasa mereka menjalani kehidupan dalam keimanan yang dipenuhi Roh, mereka akan berhenti daripada menghadiri gereja. Mereka menerima kasih kurnia dan kelihatan seperti menjalani kehidupan dalam keimanan buat beberapa lama, tetapi jika mereka menghadapi masalah dengan penganut lain di gereja, mereka mungkin akan tersinggung dan akan meninggalkan gereja.

Jadi, apakah sebabnya benih Firman tidak berakar? Ini disebabkan 'batu' yang berada dalam hati kita. Perkara badaniah dalam hati dilambangkan sebagai 'batu' dan ia adalah dusta yang menghalang mereka daripada mematuhi Firman. Antara dusta ini, batu begini adalah yang paling keras dan ia menghalang benih Firman daripada berakar. Hal ini khususnya merujuk kepada hati badaniah yang mengasihi dunia.

Jika mereka sukakan suatu bentuk hiburan duniawi, sukar bagi mereka untuk mematuhi Firman yang menyatakan, "Kekalkan kesucian hari Sabat." Manusia yang mempunyai batu ketamakan dalam hati mereka tidak akan hadir ke gereja kerana mereka benci memberi derma kepada Tuhan. Sesetengah orang mempunyai batu kebencian dalam hati mereka, jadi firman kasih sayang tidak dapat berakar.

Antara orang yang rajin pergi ke gereja, ada sesetengah daripada mereka yang mempunyai hati tanah berbatu. Contohnya, walau pun mereka dilahirkan dan dibesarkan dalam keluarga Kristian dan mereka mempelajari Firman daripada kecil lagi, mereka tidak hidup berpandukan Firman. Mereka mengalami Roh Kudus dan kadang kala menerima kasih kurnia, tetapi mereka tidak membuang kecintaan terhadap dunia. Apabila mereka mendengar Firman, mereka sedar bahawa mereka tidak sepatutnya meneruskan cara hidup begini, tetapi apabila pulang ke rumah, mereka akan kembali kepada dunia. Mereka hidup di atas pagar, dengan satu kaki di kawasan Tuhan dan satu lagi kaki di kawasan dunia. Mereka tidak meninggalkan Tuhan kerana mereka mengetahui Firman, tetapi masih mempunyai banyak batu dalam hati yang menghalang Firman Tuhan daripada berakar.

Sesetengah tanah berbatu hanyalah sebahagian sahaja berbatu. Contohnya, sesetengah orang setia tanpa mengubah fikiran mereka. Mereka juga memiliki beberapa buah Roh. Namun, mereka membenci di dalam hati, dan mereka mempunyai konflik dengan orang lain dalam semua perkara. Mereka juga menilai dan menghukum, serta bertelingkah. Atas sebab ini, selepas bertahun-tahun pun, mereka tidak memiliki buah kasih sayang atau buah kelembutan. Ada juga yang mempunyai hati yang lembut dan baik. Mereka bertimbang rasa dan memahami orang lain, tetapi mereka tidak setia. Mereka memungkiri janji dengan mudah dan tidak bertanggungjawab dalam banyak aspek. Jadi, mereka perlu memperbaiki kelemahan diri untuk memupuk hati-tanah mereka menjadi tanah yang subur.

Jadi, apa yang perlu kita lakukan untuk memupuk tanah yang berbatu?

Pertama sekali, kita perlu mengikut Firman dengan tekun. Ada penganut yang cuba untuk memenuhi tugasnya dengan patuh kepada Firman yang menyuruh kita setia. Namun ia bukanlah semudah yang disangka.

Semasa dia menjadi ahli biasa dalam gereja yang tidak mempunyai apa-apa jawatan atau kedudukan, ahli lain berkhidmat kepadanya.

Namun, dengan kedudukan sekarang, dia perlu berkhidmat kepada ahli biasa pula. Dia mungkin mencuba sedaya-upaya, tetapi dia mempunyai perasaan kurang baik apabila bekerja dengan orang yang tidak bersetuju dengan caranya. Perasaan kurang senang seperti benci dan panas baran muncul dalam hatinya. Lama-kelamaan dia hilang kepenuhan Roh Kudus, malah dia terfikir untuk berhenti daripada melakukan tugasnya.

Perasaan kurang senang ini adalah batu yang perlu dibuang dari tanah hatinya. Perasaan ini muncul daripada batu besar yang dinamakan 'kebencian'. Apabila dia cuba mematuhi Firman untuk menjadi 'setia', dia kini berhadapan dengan batu yang dinamakan 'kebencian'. Apabila dia menemuinya, dia perlu menyerang batu 'kebencian' dan membuangnya. Dengan ini barulah dia dapat patuh terhadap Firman yang menyuruh kita berkasih sayang dan berdamai. Dia juga tidak boleh berputus asa kerana hal ini sukar, tetapi ia perlu berpegang kepada tugasnya dengan lebih teguh dan menjalankan kerja dengan lebih bersemangat. Dengan cara ini, dia dapat berubah menjadi pekerja yang lebih lembut.

Kedua, kita perlu berdoa dengan tekun sambil mengamalkan Firman Tuhan. Apabila hujan turun membasahi padang, tanah akan menjadi lembap dan lembut. Ini adalah masa yang baik untuk membuang batu. Sama juga, apabila kita berdoa, kita akan dipenuhi Roh, dan hati kita akan menjadi lembut. Apabila kita dipenuhi Roh Kudus dengan berdoa, kita tidak sepatutnya melepaskan peluang ini. Kita perlu membuang batu dengan segera. Ini bermakna, kita perlu dengan segera membuat amalan yang kita tidak patuhi sebelum ini. Apabila kita melakukan hal ini secara berulang-ulang, batu besar yang berada jauh di dalam hati kita pun akan dilonggarkan dan dibuang. Apabila kita menerima kasih kurnia dan kekuatan Tuhan, serta menerima kepenuhan Roh Kudus, kita akan mampu menyingkirkan dosa dan kejahatan yang tidak dapat disingkirkan dengan kuasa kehendak sendiri.

Tanah berduri tidak membuahkan hasil kerana kerisauan terhadap dunia dan tipu daya kekayaan

Jika kita menyemai benih di tanah yang berduri, ia mungkin akan bercambah dan tumbuh, tetapi disebabkan kehadiran duri, ia tidak akan menghasilkan buah. Sama juga, orang yang mempunyai hati seperti tanah berduri percaya dan cuba beramal dengan Firman, tetapi mereka tidak mampu beramal dengan Firman secara sepenuhnya. Ini kerana mereka mempunyai kerisauan terhadap dunia, dan tipu daya kekayaan, yang merupakan ketamakan terhadap wang, kemasyhuran dan kuasa. Atas alasan ini, mereka hidup dalam penderitaan dan ujian.

Manusia begini sentiasa risau tentang perkara fizikal seperti kerja rumah, perniagaan, dan kerja yang perlu dilakukan esok, walau pun mereka datang ke gereja. Mereka sepatutnya berasa tenang dan mendapat kekuatan baru semasa menghadiri jemaah di gereja, tetapi mereka hanya memikirkan tentang kerisauan. Jadi, walau pun mereka menghabiskan banyak hari Ahad di gereja, mereka tidak dapat menikmati kegembiraan dan keamanan sejati dalam kesucian hari Ahad. Jika mereka benar-benar menjaga kesucian hari Ahad, jiwa mereka akan makmur dan mereka akan menerima rahmat rohani dan material. Tetapi mereka tidak dapat menerima rahmat begini. Jadi, mereka perlu membuang duri dan mengamalkan Firman Tuhan dengan betul supaya mereka akan mempunyai tanah hati yang subur.

Jadi, bagaimanakah dapat kita memupuk tahan yang berduri?

Kita perlu mencabut semua duri pada akarnya. Duri melambangkan fikiran badaniah. Akar duri pula melambangkan kejahatan dan perkara badaniah dalam hati. Ini bermakna sifat kejahatan dan badaniah di dalam hati adalah punca fikiran badaniah. Jika hanya dahan yang dipotong daripada rumpun duri, ia akan tumbuh kembali. Sama juga, walau pun kita telah bertekad untuk tidak lagi mempunyai fikiran badaniah, kita tidak dapat menghentikannya selagi ada kejahatan dalam hati kita. Kita perlu mencabut daging hati dari akarnya.

Dalam banyak-banyak akar, jika kita mencabut akar yang dinamakan ketamakan dan tinggi diri, kita akan menyingkirkan banyak perkara badaniah dalam hati. Kita akan terbelenggu oleh dunia dan risaukan perkara-perkara duniawi kerana kita mempunyai ketamakan terhadap perkara badan. Kita sentiasa memikirkan kepentingan diri dan menjadi hamba wang, walau pun kita mengaku hidup berlandaskan Firman Tuhan. Selain itu, jika kita mempunyai perasaan tinggi diri atau bongkak, kita juga tidak akan dapat patuh dengan sepenuhnya. Kita menggunakan kebijaksanaan dan fikiran badaniah kerana kita fikir bahawa kita mampu melakukan sesuatu. Oleh itu, pertama sekali kita perlu mencabut akar yang dinamakan ketamakan dan tinggi diri.

Memupuk tanah yang subur

Apabila benih disemai dalam tanah yang subur, ia akan bercambah dan tumbuh serta mengeluarkan buah 30, 60 atau 100 kali ganda. Orang yang mempunyai tanah hati begini tidak mempunyai sifat diri sendiri betul dan rangka kerja seperti hati orang yang disamakan dengan tanah tepi jalan. Mereka tidak mempunyai batu atau duri, dan oleh itu mereka mematuhi Firman Tuhan dengan hanya menyatakan 'Ya' dan 'Amin'. Dengan cara ini, mereka akan memiliki banyak buah.

Memang sukar untuk membezakan antara tanah tepi jalan, berbatu, berduri dan tanah yang subur dalam hati manusia. Hati tanah tepi jalan mungkin mengandungi batu. Malah, tanah yang subur juga mungkin mempunyai sedikit dusta yang merupakan batu yang sedang mula naik.

Namun, tidak kira apa jenis tanah, kita boleh menjadikannya tanah yang subur dengan rajin memupuknya. Sama juga, perkara paling penting adalah ketekunan kita menggemburkan tanah dan bukannya jenis hati tanah yang kita miliki.

Tanah yang gersang pun mampu dipupuk menjadi tanah subur jika petani menggemburkan tanahnya dengan tekun. Sama juga, tanah hati manusia boleh diubah dengan kuasa Tuhan. Hati yang keras seperti tanah tepi jalan juga mampu dipupuk dengan bantuan Roh Kudus.

Menerima Roh Kudus tidak bermakna bahawa hati kita akan berubah secara automatik. Kita juga perlu berusaha sendiri. Kita perlu cuba berdoa dengan lebih tekun, cuba memikirkan perkara benar sahaja dalam semua perkara, dan cuba mengamalkan kebenaran. Kita tidak boleh berputus asa selepas mencuba selama beberapa minggu atau bulan, tetapi mesti terus berusaha.

Tuhan mempertimbangkan usaha kita sebelum Dia memberikan kasih kurnia-Nya dan kuasa serta bantuan daripada Roh Kudus. Jika kita sentiasa ingat tentang perkara yang perlu diubah dan benar-benar mengubah sikap begini dengan kasih kurnia dan kuasa Tuhan serta bantuan Roh Kudus, kita tentu sekali akan berubah selepas setahun. Kita akan bercakap perkara-perkara baik dan benar, dan fikiran kita akan berubah kepada perkara-perkara baik dan benar.

Sejauh mana kita memupuk tanah hati menjadi tanah yang subur, buah Roh Kudus yang lain juga akan kita miliki. Khususnya, kelembutan yang berkait rapat dengan pemupukan tanah hati. Selagi kita tidak mencabut dusta seperti sikap marah, kebencian, iri hati, tamak, pertelingkahan, menunjuk-nunjuk dan perasaan diri sendiri betul, kita tidak akan memiliki kelembutan. Jadi, jiwa lain tidak akan dapat berehat dalam diri kita.

Atas sebab ini, kelembutan adalah lebih berkait terus dengan kesucian, berbanding buah Roh Kudus yang lain. Dengan segera, kita akan menerima apa sahaja yang kita minta semasa berdoa, seperti tanah subur yang mengeluarkan buah, jika kita memupuk kelembutan rohani. Kita juga akan mampu mendengar suara Roh Kudus dengan jelas, supaya kita akan dapat dipimpin menuju kemakmuran dalam semua perkara.

Rahmat bagi orang yang lembut

Bukan mudah untuk menguruskan syarikat yang mempunyai beratus-ratus orang pekerja. Walau pun anda dipilih sebagai pemimpin kumpulan, bukan mudah untuk anda memimpin sekumpulan ini. Untuk menyatukan manusia dan memimpin mereka, kita perlu memenangi hati mereka melalui kelembutan rohani.

Tentu sekali, ada juga manusia yang mengikut pemimpin yang mempunyai kuasa atau orang kaya yang mampu membantu orang lain yang memerlukan di dunia ini. Pepatah Korea menyatakan, "Apabila anjing menteri mati akan ada ramai orang berkabung, tetapi apabila menteri yang meninggal dunia, tiada sesiapa pun akan berasa sedih." Berdasarkan pepatah ini, kita akan mengetahui sama ada seseorang itu benar-benar mempunyai kualiti kemurahan hati apabila dia kehilangan kuasa dan kekayaan. Apabila seseorang itu kaya dan berkuasa, ramai orang akan mengikutnya. Namun susah untuk bertemu orang yang akan kekal sehingga ke akhir apabila orang ini kehilangan kuasa dan kekayaannya.

Namun, orang yang mempunyai kemuliaan dan kemurahan hati akan mempunyai ramai pengikut walau pun dia kehilangan kuasa dan kekayaannya. Mereka mengikutinya bukan disebabkan ganjaran wang, tetapi mereka mahu berehat di dalamnya.

Di dalam gereja pun, sesetengah pemimpin menyatakan bahawa ia sukar, kerana mereka tidak mampu menerima beberapa orang ahli kumpulan sel. Jika mereka mahu mengadakan kebangkitan dalam kumpulan, mereka pertama sekali perlu memupuk hati yang lembut seperti kapas. Kemudian, ahli kumpulan akan dapat berehat dalam ketua mereka, menikmati kedamaian dan kegembiraan, lalu kebangkitan akan dapat dilakukan dengan mudah. Paderi mestilah lemah lembut dan mampu menerima semua jiwa.

Ada rahmat yang diberikan kepada orang yang lembut. Matius 5:5 menyatakan, "Berbahagialah orang yang lemah lembut, kerana mereka akan memiliki bumi." Seperti yang dinyatakan, untuk mewarisi dunia tidak bermakna kita akan mendapat tanah di dunia. Ini bermakna kita akan menerima tanah di Syurga setakat mana kita memupuk kelembutan rohani dalam hati. Kita akan menerima rumah yang besar di Syurga supaya kita dapat menjemput semua jiwa yang berehat di dalam diri kita.

Mendapat rumah yang begitu besar di Syurga juga bermakna kita akan mendapat kedudukan yang dihormati. Walau pun jika kita mempunyai sebidang tanah yang luas di Dunia, kita tidak akan dapat membawanya ke Syurga. Tetapi tanah yang kita terima di Syurga kerana memupuk hati yang lembut akan menjadi warisan yang tidak akan hilang selama-lamanya. Kita akan menikmati kegembiraan abadi di tempat ini dengan Yesus dan orang tersayang.

Oleh itu, saya berharap agar anda tekun memupuk hati untuk memiliki buah indah kelembutan, supaya anda akan mewarisi tanah warisan di kerajaan Syurga, sama seperti Musa.

1 Korintus 9:25

"Tiap-tiap orang yang turut mengambil bahagian dalam pertandingan, menguasai dirinya dalam segala hal. Mereka berbuat demikian untuk memperoleh suatu mahkota yang fana, tetapi kita untuk memperoleh suatu mahkota yang abadi."

Bab 10

Kawalan Diri

Kawalan diri diperlukan dalam semua aspek kehidupan

Kawalan diri, perkara asas bagi anak-anak Tuhan

Kawalan diri menyempurnakan buah Roh Kudus

Bukti bahawa buah kawalan diri telah dimiliki

Jika anda mahu memiliki buah kawalan diri

Kawalan Diri

Maraton adalah satu perlumbaan sejauh 42.195 km (26 batu dan 385 ela). Pelari mesti mengawal kelajuan mereka untuk berjaya tiba ke garisan penamat. Ia bukan satu perlumbaan jarak pendek yang berakhir dengan cepat, jadi pelari tidak sepatutnya berlari pecut sesuka hati mereka. Mereka perlu mengekalkan kelajuan yang stabil sepanjang perlumbaan, dan apabila tiba ke titik yang sesuai, mereka akan memecut sekuat tenaga.

Prinsip yang sama juga dapat diaplikasikan dalam kehidupan kita. Kita perlu beriman secara stabil sehingga ke penghujung perlumbaan keimanan ini dan memenangi perlumbaan dengan diri sendiri ini. Selain itu, orang yang mahu mendapat mahkota keagungan di kerajaan syurgawi mestilah mampu mengawal diri dalam semua perkara.

Kawalan diri diperlukan dalam semua aspek kehidupan

Kita dapat lihat dalam dunia ini bahawa orang yang tidak mempunyai kawalan diri menjadikan kehidupan mereka rumit dan menyukarkan diri sendiri. Contohnya, jika ibu bapa memberikan terlalu banyak kasih sayang terhadap satu-satunya anak lelaki mereka kerana dia anak tunggal, anak ini kemungkinan besar akan menjadi manja. Ada juga sesetengah orang yang sedar tanggungjawab terhadap keluarga, namun ketagih berjudi atau ketagihan perkara-perkara menyeronokkan yang lain, dan akhirnya memusnahkan keluarga mereka akibat tiada kawalan diri. Mereka kata, "Ini kali terakhir. Saya tidak akan buat lagi," tetapi 'kali terakhir' itu berterusan berlaku.

Dalam novel sejarah romantis Cina Romance of Three Kingdoms,

Zhang Fei adalah watak yang penuh kasih sayang dan keberanian tetapi mempunyai sikap panas baran dan agresif. Liu Bei dan Guan Yu, yang bersumpah bersaudara dengannya, sering risau sekiranya dia akan melakukan kesilapan pada bila-bila masa. Zhang Fei menerima banyak nasihat, tetapi dia tidak dapat mengubah sikapnya dengan sepenuhnya. Akhirnya, dia berhadapan masalah disebabkan sikap panas barannya. Dia memukul dan menyebat orang bawahan yang tidak mencapai jangkaannya, dan dua orang lelaki yang berasakan bahawa mereka dihukum secara tidak adil berdendam dengannya. Mereka membunuh Zhang Fei, dan menyerah diri kepada pasukan musuh.

Seperti ini, orang yang tidak mampu mengawal sifat marah akan mengguris perasaan ramai orang di rumah dan di tempat kerja. Mereka dengan mudah menyebabkan permusuhan dengan orang lain, dan oleh itu mereka besar kemungkinan tidak akan hidup dalam kemewahan. Tetapi, orang yang bijak akan memikul kesalahan dan bersabar dengan orang lain walau pun dalam situasi yang mengundang kemarahan. Walau pun jika orang lain melakukan kesilapan besar, mereka akan kemarahan dan mencairkan hati orang lain dengan kata-kata yang menenangkan. Tindakan begini adalah bijak dan akan memenangi hati ramai orang, dan membolehkan kehidupan mereka makmur.

Kawalan diri, perkara asas bagi anak-anak Tuhan

Secara asasnya, kita sebagai anak Tuhan memerlukan kawalan diri untuk menyingkirkan dosa. Lebih sedikit kawalan diri yang kita miliki, lebih sukar untuk kita menyingkirkan dosa. Apabila kita mendengar Firman Tuhan dan menerima kasih kurnia-Nya, kita bertekad untuk mengubah diri sendiri, namun kita mungkin masih akan digoda oleh dunia.

Kita dapat perhatikan hal ini dengan kata-kata yang keluar dari bibir kita. Ramai orang berdoa untuk menjadikan bibir mereka suci dan sempurna. Tetapi dalam realiti, mereka terlupa perkara yang mereka doakan, dan bercakap sesuka hati mereka mengikut tabiat lama. Apabila sesuatu berlaku dan sukar untuk mereka fahami kerana ia bertentangan dengan apa yang mereka fikir atau percaya, sesetengah orang akan mengeluh dan merungut.

Mereka mungkin menyesal kerana merungut, tetapi mereka tidak dapat mengawal diri apabila emosi mereka terganggu. Ada juga sesetengah orang yang suka bercakap sehingga tidak boleh berhenti. Mereka tidak dapat membezakan kata-kata benar dan dusta, perkara yang patut dan tidak patut dilakukan, lalu mereka melakukan kesilapan.

Kita akan fahami kepentingan mengawal diri hanya dengan melihat aspek mengawal kata-kata ini.

Kawalan diri menyempurnakan buah Roh Kudus

Tetapi, buah kawalan diri, iaitu salah satu daripada buah Roh Kudus, bukan sahaja merujuk kepada mengawal diri mereka daripada melakukan dosa. Kawalan diri, iaitu salah satu daripada buah Roh Kudus mengawal buah Roh Kudus yang lain, supaya segala-galanya sempurna. Atas sebab ini, buah Roh yang pertama adalah kasih sayang dan yang terakhir adalah kawalan diri. Kawalan diri lebih sukar untuk disedari berbanding buah yang lain, namun ia amat penting. Ia mengawal segala-galanya supaya akan ada kestabilan, pengurusan dan keteguhan. Ia disebutkan akhir sekali sebagai buah Roh Kudus kerana semua buah Roh dapat disempurnakan melalui kawalan diri.

Contohnya, walaupun kita mempunyai buah kegembiraan, kita tidak boleh melahirkan perasaan gembira di mana-mana sahaja, pada bila-bila masa. Apabila orang lain berkabung semasa majlis pengebumian, jika anda tersenyum lebar; apa yang orang lain akan katakan tentang anda? Mereka tidak akan menyatakan bahawa anda mulia kerana memiliki buah kegembiraan. Walau pun kegembiraan menerima penyelamatan adalah amat hebat, kita perlu mengawalnya sesuai dengan situasi. Dengan cara ini, kita akan menjadikannya buah Roh Kudus yang sebenar.

Apabila kita setia kepada Tuhan, kita juga perlu mempunyai kawalan diri. Jika anda mempunyai banyak tugas, anda perlu membahagikan masa dengan betul supaya anda akan berada di tempat anda diperlukan pada masa yang sesuai. Walau pun sesuatu perjumpaan amat mulia, anda perlu menamatkannya apabila perlu. Sama juga, untuk setia dalam semua rumah Tuhan, kita memerlukan buah kawalan diri.

Ia sama dengan semua buah Roh Kudus yang lain, termasuklah kasih sayang, belas kasihan, kebaikan dsb. Apabila buah yang dilahirkan dalam hati dizahirkan dalam amalan, kita perlu mengikut bimbingan dan suara Roh Kudus untuk menjadikannya bersesuaian. Kita dapat memberi keutamaan kepada kerja yang penting terlebih dahulu dan menyusun kerja lain yang boleh dilakukan kemudian. Kita boleh menentukan sama ada kita perlu maju ke hadapan atau berundur setapak. Kita mempunyai pertimbangan begini melalui buah kawalan diri.

Jika seseorang telah mempunyai semua buah Roh Kudus dengan

sempurna, ini bermakna dia mengikuti keinginan Roh Kudus dalam semua perkara. Untuk mengikut keinginan Roh Kudus dan melakukan tindakan dengan sempurna, kita perlu mempunyai buah kawalan diri. Itu sebabnya kita katakan bahawa semua buah Roh Kudus adalah lengkap melalui buah kawalan diri, iaitu buah yang terakhir.

Bukti bahawa buah kawalan diri telah dimiliki

Apabila buah Roh Kudus yang lain yang telah wujud dalam hati dizahirkan secara luaran, buah kawalan diri menjadi seperti pusat yang menjamin keharmonian dan aturan. Walau pun apabila kita mengambil sesuatu yang baik daripada Yesus, mengambil kesemuanya bukanlah cara terbaik. Sesuatu yang berlebihan adalah lebih teruk daripada sesuatu yang kekurangan. Dalam roh, kita perlu melakukan segala-galanya secara sederhana dan menurut keinginan Roh Kudus.

Saya akan terangkan tentang bagaimana buah kawalan diri diperlihatkan secara terperinci.

Pertama, kita akan menurut turutan atau hierarki dalam semua perkara.

Dengan memahami kedudukan, kita akan faham bilakah masanya untuk bertindak dan kata-kata yang boleh kita ucapkan. Jadi tidak akan ada perdebatan, pertelingkahan dan selisih faham. Kita juga tidak akan melakukan apa-apa yang tidak sesuai atau perkara yang melampaui had kedudukan kita. Contohnya, katakanlah pemimpin sebuah kumpulan mubaligh meminta pentadbir melakukan suatu kerja. Pentadbir ini penuh bersemangat, dan dia berasakan bahawa dia mempunyai idea yang lebih baik, jadi dia mengubah beberapa perkara secara sulit dan melakukan kerja yang disuruh ini. Walau pun dia bekerja dengan penuh semangat, dia tidak mengikut arahan kerana mengubah beberapa perkara disebabkan kurangnya kawalan diri.

Tuhan akan memandang tinggi kepada kita jika kita mengikut arahan berpandukan kedudukan berbeza dalam kumpulan mubaligh dalam gereja, seperti presiden, naib presiden, pentadbir, setiausaha atau bendahari. Pemimpin kita mungkin mempunyai cara berbeza dalam melakukan sesuatu kerja. Walau pun cara kerja kita nampak lebih baik dan mungkin akan memberikan hasil yang lebih, kita tidak akan memiliki buah jika keamanan dan kedamaian tergugat. Syaitan hanya masuk campur apabila kedamaian tergugat, dan kerja Tuhan akan terganggu. Melainkan sesuatu itu adalah dusta sepenuhnya, kita perlu memikirkan tentang keseluruhan kumpulan, dan patuh serta mementingkan kedamaian menurut urutan kedudukan supaya semuanya akan dapat dilaksanakan dengan indah.

Kedua, kita mempertimbangkan kandungan , masa dan lokasi walau pun semasa sedang melakukan sesuatu yang baik.

Contohnya, merintih dalam doa adalah sesuatu yang baik, tetapi jika anda merintih tanpa mengira tempat dan secara terang-terangan, ini mungkin akan menghina Tuhan. Apabila anda menyebarkan ajaran atau melawat ahli untuk memberikan bimbingan rohani, anda juga perlu berhati-hati dengan kata-kata anda. Walau pun anda mempunyai pemahaman rohani yang mendalam, anda tidak boleh menyebarkannya kepada sesiapa sahaja. Jika anda menyatakan sesuatu yang tidak sesuai dengan tahap keimanan pendengar, ini mungkin akan menyebabkan mereka terhalang atau bersikap mengadili dan menghukum.

Dalam sesetengah kes, seseorang mungkin akan berkongsi ceritanya atau menyampaikan apa yang dia fahami secara rohani kepada orang yang sibuk dengan kerja lain. Walau pun kandungan penyampaian ini bagus, dia tidak akan dapat mempengaruhi orang lain melainkan hal ini disampaikan dalam situasi yang sesuai. Walau pun orang lain mendengar hanya kerana tidak mahu bersikap kurang sopan, mereka tidak akan memberi perhatian kepada cerita ini kerana mereka sibuk. Biar saya berikan satu lagi contoh. Apabila satu kariah atau satu kumpulan bertemu dengan saya untuk konsultasi, dan jika ada seorang yang berterusan menceritakan kisahnya, apa yang akan berlaku terhadap perjumpaan ini? Dia memberikan keagungan kepada Tuhan kerana dia dipenuhi kasih kurnia dan Roh. Namun kesannya, individu ini menggunakan semua masa yang dikhaskan untuk satu kumpulan. Hal ini berlaku disebabkan kurang kawalan diri. Walau pun anda sedang melakukan sesuatu yang amat baik, anda perlu mempertimbangkan semua jenis situasi dan mempunyai kawalan diri.

Ketiga, kita tidak bersikap kurang sabar atau tergesa-gesa, tetapi tenang, supaya kita mampu bertindak dalam setiap situasi dengan kearifan.

Orang yang tidak mempunyai kawalan diri adalah kurang sabar dan kurang pertimbangan terhadap orang lain. Dalam keadaan tergesa-gesa, kuasa pertimbangan mereka berkurangan, dan mereka mungkin akan terlepas perkara-perkara penting. Mereka mengadili orang lain dan menghukum dengan pantas, dan menyebabkan ketidakselesaan terhadap orang lain. Bagi orang yang kurang sabar semasa mendengar atau bercakap dengan orang lain, mereka melakukan banyak kesilapan. Kita tidak sepatutnya mencelah dengan tidak sabar apabila orang lain sedang bercakap. Kita perlu mendengar dengan teliti sehingga akhir supaya kita dapat mengelak kesimpulan yang salah. Selain itu, dengan cara ini kita akan memahami niat seseorang dan bertindak balas terhadapnya dengan cara yang sesuai.

Sebelum dia menerima Roh Kudus, Petrus mempunyai sikap kurang sabar dan lantang. Dia cuba sedaya-upaya untuk mengawal dirinya di hadapan Yesus, namun kadang kala sikapnya terserlah. Apabila Yesus memberitahu Petrus bahawa dia akan menidakkan Yesus di hadapan salib, Petrus dengan segera menyangkal kata-kata Yesus, dan menyatakan bahawa dia tidak akan pernah menidakkan-Nya.

Jika Petrus mempunyai buah kawalan diri, dia tidak akan tergesa-gesa menyangkal Yesus, tetapi dia akan cuba mencari jawapan yang lebih baik. Kalaulah dia mengetahui bahawa Yesus adalah Anak Tuhan, dan tidak akan pernah menyatakan sesuatu yang tidak bermakna, dia akan mengingat kata-kata Yesus ini. Dengan cara ini, dia akan berhati-hati dan hal ini tidak akan berlaku. Pertimbangan yang betul membolehkan kita untuk bertindak dengan cara yang sesuai datang dari kawalan diri.

Orang Yahudi amat bangga dengan diri mereka. Mereka amat bangga kerana mereka mematuhi Hukum Tuhan dengan ketat. Dan memandangkan Yesus memarahi orang Farisi dan Saduki yang merupakan pemimpin agama dan politik, mereka tidak mempunyai perasaan baik terhadap Yesus. Apabila Yesus menyatakan bahawa Dia Anak Tuhan, mereka menganggapnya sebagai kekufuran. Pada waktu itu, Pesta Pondok daun semakin hampir. Menjelang masa menuai, mereka akan membina pondok untuk memperingati Keluaran dan mengucapkan kesyukuran terhadap Tuhan. Orang ramai lazimnya akan pergi ke Yerusalem untuk meraikan pesta ini.

Namun Yesus tidak pergi ke Yerusalem walau pun pesta semakin tiba, dan abang-abang-Nya menggesa-Nya untuk ke Yerusalem, menunjukkan keajaiban, dan mengakui diri-Nya untuk mendapatkan sokongan daripada orang ramai (Yohanes 7:3-5). Mereka menyatakan, "Tak ada orang yang akan menyembunyikan apa yang dia lakukan, kalau dia ingin menjadi terkenal" (ayat 4). Walau pun sesuatu kelihatan seperti wajar, ia tiada kaitan dengan Tuhan melainkan ia berlandaskan kehendak-Nya. Disebabkan idea sendiri, abang Yesus pun berpendapat bahawa hal ini tidak sepatutnya berlaku apabila mereka melihat Yesus menunggu masa-Nya dengan sabar.

Jika Yesus tidak mempunyai kawalan diri, Dia akan pergi ke Yerusalem dengan segera untuk mendedahkan diri-Nya. Namun Dia tidak tergoyah dengan kata-kata abang-Nya. Dia hanya menantikan masa yang sesuai dan takdir Tuhan untuk diperlihatkan. Kemudian, Dia pergi ke Yerusalem dengan tidak disedari oleh sesiapa pun selepas semua abang-Nya telah bertolak ke sana. Dia bertindak dengan kehendak Tuhan, dan Dia tahu bila Dia perlu pergi dan tidak.

Jika anda mahu memiliki buah kawalan diri

Apabila kita bercakap dengan orang lain, selalunya kata-kata dan niat sebenar mereka adalah berbeza. Sesetengah orang cuba mendedahkan kesalahan orang lain untuk menutup kesalahan sendiri. Mereka mungkin akan meminta sesuatu untuk memenuhi perasaan tamak, tetapi mereka meminta seolah-olah bagi pihak orang lain. Mereka kelihatan seperti bertanyakan soalan untuk memahami kehendak Tuhan, tetapi sebenarnya, mereka cuba mendapatkan jawapan yang mereka mahukan. Tetapi jika anda bercakap dengan tenang kepada mereka, kita akan dapat menyerlahkan niat sebenar dalam hati mereka.

Orang yang mempunyai kawalan diri tidak akan mudah tergoyah dengan kata-kata orang lain. Mereka akan mendengar kata-kata orang lain dengan tenang dan dapat mempertimbangkan kebenaran dengan kerja Roh Kudus. Jika mereka mempertimbangkan dengan kawalan diri dan menjawab, mereka akan mengurangkan banyak kesilapan yang mungkin berlaku akibat membuat keputusan yang salah. Setakat itu, mereka akan memiliki kuasa dalam kata-kata, jadi kata-kata mereka akan memberi kesan yang lebih besar terhadap orang lain. Jadi, bagaimana kita dapat memiliki buah kawalan diri?

Pertama, kita mesti memiliki hati yang tidak berubah.

Kita perlu memupuk hati kebenaran yang tiada dusta atau kelicikan. Dengan ini kita akan mempunyai kuasa untuk melakukan apa yang kita mahu. Namun, tentulah kita tidak mampu memupuk hati sebegini dalam masa yang singkat. Kita perlu terus melatih diri sendiri, bermula dengan menyimpan perkara kecil dalam hati.

Alkisah terdapat seorang tuan dan perantisnya. Suatu hari, mereka melintasi sebuah pasar dan beberapa orang pedagang di pasar bertengkar dan mula bergaduh. Perantis ini berasa marah dan masuk campur dalam pertengkaran, tetapi tuannya tetap tenang. Selepas mereka pulang dari pasar, dia mengelaurkan seikat surat daripada almari. Surat ini mengandungi kritikan terhadapnya, dan dia menunjukkan semua surat kepada perantisnya.

Kemudian dia berkata, "Aku tidak dapat mengelak daripada disalah faham. Tetapi aku tidak kisah tentang salah faham orang terhadapku. Aku tidak dapat mengelak kekotoran yang datang kepadaku, tetapi aku dapat mengelak kebodohan bergelumang dalam kekotoran ini."

Di sini, kekotoran pertama adalah menjadi objek percakapan orang lain. Kekotoran kedua adalah mempunyai perasaan tidak senang dan bergaduh disebabkan percakapan atau umpatan ini.

Jika kita mempunyai hati seperti tuan ini, kita tidak akan tergoyah dalam apa jua keadaan. Sebaliknya, kita akan dapat menjaga kesucian hati dan hidup dalam ketenangan. Orang yang menjaga hatinya mampu mengawal diri dalam semua keadaan. Sejauh mana kita menyingkirkan kejahatan seperti benci, iri hati, dan cemburu, kita akan dipercayai dan dikasihi Tuhan.

Perkara yang diajarkan oleh ibu bapa saya semasa kecil banyak membantu dalam tugas saya sebagai paderi. Walau pun saya diajarkan cara yang betul untuk bercakap, berjalan, budi bahasa dan kelakuan yang baik, saya mengajarkan diri sendiri cara menjaga hati dan mengawal diri. Apabila kita membuat keputusan, kita perlu tekad dan tidak berubah berdasarkan kepentingan diri. Jika kita berusaha, akhirnya kita akan memiliki hati yang tidak berubah dan memiliki kawalan diri.

Kemudian, kita perlu melatih diri untuk mendengar keinginan Roh Kudus dengan tidak mempertimbangkan pandangan sendiri terlebih dahulu.

Sejauh mana kita mempelajari Firman Tuhan, Roh Kudus membolehkan kita mendengar suara-Nya melalui Firman yang kita pelajari. Walau pun kita berdepan tuduhan, Roh Kudus mengajar kita supaya memaafkan dan berkasih sayang. Kita akan terfikir, 'Dia tentu ada sebab melakukan hal yang sedemikian. Saya akan cuba menyelesaikan salah faham ini dengan berbincang secara baik.' Namun jika hati kita memiliki lebih banyak dusta, pertama sekali kita akan mendengar suara Syaitan. 'Jika saya tidak berbuat apa-apa, dia akan terus memandang rendah terhadap saya. Saya perlu memberi pengajaran kepadanya.' Walau pun jika kita mendengar suara Roh Kudus, kita akan terlepas kerana ia terlalu lemah jika dibandingkan dengan fikiran jahat.

Oleh itu, kita akan mendengar suara Roh Kudus apabila kita dengan tekun membuang semua dusta dalam hati dan menyimpan Firman Tuhan dalam hati kita. Kita akan dapat mendengar suara Roh Kudus dengan lebih baik apabila kita mematuhi suara Roh Kudus, walau pun ia suara yang lemah. Kita perlu cuba mendengar suara Roh Kudus terlebih dahulu, dan bukannya mengikut apa yang kita fikirkan lebih penting dan baik. Apabila kita mendengar suara-Nya, kita perlu patuh dan melaksanakannya. Apabila kita melatih diri untuk fokus dan mematuhi keinginan Roh Kudus setiap masa, kita akan mampu mendengar suara Roh Kudus, walau pun selemah mana. Dengan ini, kita akan menikmati keharmonian dalam semua perkara.

Ini bermakna, kawalan diri mungkin kelihatan seperti sifat yang paling kurang menonjol antara sembilan buah Roh Kudus. Namun, ia diperlukan dalam semua perkara yang berkait dengan semua buah. Kawalan diri lah yang mengawal lapan buah Roh Kudus yang lain: kasih sayang, kegembiraan, keamanan, kesabaran, kebaikan hati, kebaikan, kesetiaan, dan kelembutan. Selain itu, lapan buah yang lain akan disempurnakan dengan buah kawalan diri, dan atas sebab ini buah kawalan diri adalah amat penting.

Setiap daripada buah Roh Kudus adalah lebih berharga dan lebih indah daripada batu permata berharga di dunia ini. Kita akan menerima semua yang kita minta semasa berdoa dan akan makmur dalam semua perkara sekiranya kita memiliki buah Roh Kudus. Kita juga akan menyerlahkan keagungan Tuhan dengan memperlihatkan kuasa dan kekuasaan Cahaya dalam dunia ini. Saya berharap agar anda akan mengidamkan dan memiliki buah Roh Kudus lebih daripada segala harta di dunia ini.

Tiada Hukum Terhadap Perkara-perkara Sebegitu

Galatia 5:22-23

"Tetapi buah Roh ialah
kasih, suka cita, damai sejahtera, kesabaran,
kemurahan, kebaikan, kesetiaan, kelemahlembutan,
penguasaan diri;
tiada hukum terhadap perkara-perkara sebegitu."

Bab 11

Tiada hukum terhadap perkara-perkara sebegitu

Kamu dipanggil menuju kebebasan

Berjalan di samping Roh

Yang pertama daripada sembilan buah adalah kasih sayang

Tiada hukum terhadap perkara-perkara sebegitu

Tiada hukum terhadap perkara-perkara sebegitu

Hawari Paulus adalah seorang Yahudi, dan dia pergi ke Damaskus untuk menangkap orang Kristian. Namun, dalam perjalanan, dia bertemu Yesus dan bertaubat. Dia tidak menyedari kebenaran dalam ajaran yang mana seseorang diselamatkan melalui keimanan dalam Yesus Kristus pada masa itu, tetapi selepas menerima kurniaan Roh Kudus, dia akhirnya memimpin dakwah orang bukan Yahudi dengan bimbingan Roh Kudus.

Sembilan buah Roh Kudus dicatatkan dalam bab 5 buku Galatia, yang merupakan salah satu daripada penulisannya. Jika kita memahami situasi pada masa itu, kita akan memahami alasan Paulus menulis Galatia dan berapa pentingnya orang Kristian memiliki buah Roh.

Kamu dipanggil menuju kebebasan

Dalam lawatan mubaligh pertamanya, Paulus pergi ke Galatia. Di dalam saumaah, dia tidak mengajarkan Hukum Taurat dan penyunatan, tetapi hanya ajaran Yesus Kristus. Kata-katanya dibuktikan dengan tanda-tanda yang muncul, dan ramai orang menerima penyelamatan. Para penganut di gereja Galatia amat menyayanginya, sehinggakan kalau boleh mereka sanggup mengorek mata sendiri dan memberikannya kepada Paulus.

Selepas menamatkan lawatan mubaligh yang pertama dan pulang ke Antiokhia, masalah timbul dalam gereja. Sesetengah orang datang dari Yudea dan mengajarkan bahawa orang bukan Yahudi mesti disunatkan sebelum dapat menerima penyelamatan. Paulus dan Barnabas menentang dan berdebat dengan mereka.

Kumpulan ini bersepakat bahawa Paulus dan Barnabas serta beberapa orang lain mesti pergi ke Yerusalem dan berbincang dengan para hawari dan orang lebih tua berkenaan hal ini. Mereka berasakan perlu membuat satu kesimpulan berkenaan Hukum Taurat semasa menyebarkan ajaran kepada orang bukan Yahudi di kedua-dua gereja di Antiokhia dan Galatia.

Kisah Para Rasul dalam bab 15 menerangkan situasi sebelum dan selepas Majlis Yerusalem, dan dari itu kita dapat mengenal pasti betapa serius situasi pada waktu itu. Para hawari, yang merupakan pengikut Yesus, dan orang-orang tua serta wakil gereja berkumpul dan mengadakan perbincangan hangat, dan mereka bersepakat bahawa orang bukan Yahudi perlu menjauhkan diri daripada semua perkara yang berkait dengan patung, zina dan apa sahaja yang dicekik dan berasal dari darah.

Mereka menghantar utusan ke Antiokhia untuk menyampaikan surat rasmi yang menyatakan keputusan Majlis, kerana Antiokhia merupakan pusat dakwah bagi orang bukan Yahudi. Mereka memberikan sedikit kebebasan terhadap orang bukan Yahudi dalam mengamalkan Hukum Taurat kerana sukar bagi mereka untuk mengamalkan Hukum seperti orang Yahudi. Dengan cara ini, mana-mana orang bukan Yahudi akan dapat menerima penyelamatan dengan percaya terhadap Yesus Kristus.

Kisah Para Rasul 15:28-29 menyatakan, "Sebab adalah keputusan Roh Kudus dan keputusan kami, supaya kepada kamu jangan ditanggungkan lebih banyak beban dari pada yang perlu ini: kamu harus menjauhkan diri dari makanan yang dipersembahkan kepada berhala, dari darah, dari daging binatang yang mati dicekik dan dari percabulan. Jikalau kamu memelihara diri dari hal-hal ini, kamu berbuat baik. Sekianlah, selamat."

Kesimpulan Majlis Yerusalem dihantar kepada gereja-gereja, tetapi pihak yang tidak memahami kebenaran ajaran dan cara salib terus mengajarkan di gereja bahawa para penganut perlu mengamalkan Hukum Taurat. Beberapa orang nabi palsu juga menyertai gereja dan menaikkan kemarahan para penganut, dengan mengkritik hawari Paulus yang tidak mengajarkan Hukum Taurat.

Apabila insiden begini berlaku dalam gereja di Galatia, hawari Paulus menerangkan tentang kebebasan sejati Kristian dalam warkahnya. Dia menyatakan dia dahulunya mematuhi Hukum Taurat dengan sempurna namun menjadi hawari bagi orang bukan Yahudi selepas bertemu Yesus, dia mengajarkan mereka kebenaran ajaran dengan menyatakan, "Hanya ini yang hendak aku ketahui daripada kamu: Adakah kamu telah menerima Roh kerana melakukan hukum Taurat atau kerana percaya kepada pemberitaan Injil? Adakah kamu sebodoh itu? Kamu telah mulai dengan Roh, mahu kah kamu sekarang mengakhirinya di dalam daging? Sia-sia kah semua yang telah kamu alami sebanyak itu? Masakan sia-sia? Jadi bagaimana sekarang, apakah Dia yang menganugerahkan Roh kepada kamu dengan berlimpah-limpah dan yang melakukan mukjizat di antara kamu, berbuat demikian kerana kamu melakukan hukum Taurat atau kerana kamu percaya kepada pemberitaan Injil?" (Galatia 3:2-5)

Dia menerangkan bahawa ajaran Yesus Kristus yang diajarkannya adalah benar kerana ia adalah wahyu daripada Tuhan, dan orang bukan Yahudi tidak perlu menyunatkan jasad mereka kerana perkara yang paling penting adalah menyunatkan hati. Dia juga menerangkan kepada mereka tentang keinginan badan dan keinginan Roh Kudus, dan tentang kerja badaniah serta buah Roh Kudus. Dia mahu mereka faham, cara mereka sepatutnya menggunakan kebebasan yang mereka miliki dengan kebenaran ajaran.

Berjalan di samping Roh

Jadi, mengapakah Tuhan memberikan Musa Hukum Taurat? Ini kerana manusia adalah jahat dan mereka tidak memahami bahawa dosa adalah dosa. Tuhan membuatkan mereka faham tentang dosa, dan membiarkan mereka menyelesaikan masalah dosa dan mencapai kebenaran Tuhan. Namun, masalah dosa tidak dapat diselesaikan sepenuhnya dengan amalan Hukum Taurat, dan atas alasan ini, Tuhan membenarkan manusia mencapai kebenaran Tuhan melalui keimanan terhadap Yesus Kristus. Galatia 3:13-14 menyatakan, "Kristus telah menebus kita dari kutuk hukum Taurat dengan jalan menjadi kutuk kerana kita, sebab ada tertulis: 'Terkutuklah orang yang digantung pada kayu salib' . Yesus Kristus telah membuat ini, supaya di dalam Dia berkat Abraham sampai kepada bangsa-bangsa lain, sehingga oleh iman kita menerima Roh yang telah dijanjikan itu."

Namun ini tidak bermakna bahawa Hukum telah dimansuhkan. Yesus berkata dalam Matius 5:17, "Janganlah kamu menyangka, bahawa Aku datang untuk meniadakan hukum Taurat atau kitab para nabi. Aku datang bukan untuk meniadakannya, melainkan untuk menggenapinya," dan Dia berkata dalam ayat 20, " Maka Aku berkata kepadamu: Jika hidup keagamaan mu tidak lebih benar dari pada hidup keagamaan ahli-ahli Taurat dan orang-orang Farisi, sesungguhnya kamu tidak akan masuk ke dalam Kerajaan Syurga."

Hawari Paulus menyampaikan kepada para penganut dalam gereja Galatia, "Hai anak-anakku, kerana kamu aku menderita sakit bersalin lagi, sampai rupa Kristus menjadi nyata di dalam kamu" (Galatia 4:19), dan sebagai kesimpulan dia menasihati mereka dengan berkata, "Saudara-saudara, memang kamu telah dipanggil untuk merdeka. Tetapi janganlah kamu mempergunakan kemerdekaan itu sebagai kesempatan untuk kehidupan dalam dosa, melainkan layani lah seorang akan yang lain oleh kasih. Sebab seluruh hukum Taurat termaktub dalam satu firman ini, iaitu: 'Kasihilah sesamamu manusia seperti dirimu sendiri'. Tetapi jikalau kamu saling menggigit dan saling menelan, awaslah, supaya jangan kamu saling membinasakan" (Galatia 5:13-15).

Sebagai anak Tuhan yang telah menerima Roh Kudus, apa yang perlu kita lakukan untuk saling berkhidmat melalui kasih sayang sehingga Kristus terbentuk dalam diri kita? Kita perlu berjalan dengan Roh Kudus supaya kita tidak akan melaksanakan semua keinginan badaniah. Kita dapat mengasihi jiran dan mempunyai bentuk Kristus dalam diri, jika kita memiliki sembilan buah Roh Kudus dengan bimbingan-Nya.

Yesus Kristus menerima sumpahan Hukum Taurat dan meninggal dunia di atas salib, walau pun Dia tidak bersalah, dan melalui-Nya kita beroleh kebebasan. Kita mesti memiliki buah Roh supaya kita tidak akan menjadi hamba dosa lagi.

Jika kita masih berdosa walau pun memiliki kebebasan dan menyalib Yesus sekali lagi dengan melaksanakan kerja badaniah, kita tidak akan mewarisi kerajaan Tuhan. Sebaliknya, jika kita memiliki buah Roh dengan cara berjalan dengan Roh, Tuhan akan melindungi kita supaya musuh iaitu iblis dan syaitan tidak akan mengapa-apakan kita. Selain itu, kita akan menerima apa sahaja yang kita minta semasa berdoa.

"Saudara-saudaraku yang kekasih, jikalau hati kita tidak menuduh kita, maka kita mempunyai keberanian percaya untuk mendekati Tuhan; dan apa saja yang kita minta, kita memperolehnya dari pada-Nya, kerana kita menuruti segala perintah-Nya dan berbuat apa yang berkenan kepada-Nya. Dan inilah perintah-Nya itu: supaya kita percaya akan nama Yesus Kristus, Anak-Nya, dan supaya kita saling mengasihi sesuai dengan perintah yang diberikan Kristus kepada kita." (1 Yohanes 3:21-23).

"Kita tahu, bahawa setiap orang yang lahir dari Tuhan, tidak berbuat dosa; tetapi Dia yang lahir dari Tuhan melindunginya, dan si jahat tidak dapat menjamahnya" (1 Yohanes 5:18).

Kita akan memiliki buah Roh dan menikmati kebebasan sebenar sebagai seorang Kristian apabila kita mempunyai keimanan untuk berjalan dalam Roh dan keimanan bekerja melalui kasih sayang.

Yang pertama daripada sembilan buah adalah kasih sayang

Buah pertama daripada sembilan buah Roh adalah kasih sayang. Kasih sayang seperti yang dinyatakan dalam 1 Korintus 13, adalah kasih sayang untuk memupuk kasih sayang rohani, manakala kasih sayang sebagai satu daripada buah Roh Kudus berada pada tahap lebih tinggi; ia tiada batasan dan tiada pengakhiran, yang memenuhi Hukum. Ini adalah kasih sayang Tuhan dan Yesus Kristus. Jika kita mempunyai kasih sayang ini, kita dapat mengorbankan diri dengan sepenuhnya, dengan bantuan Roh Kudus.

Kita dapat memiliki buah kegembiraan sejauh mana kita menyemai kasih sayang ini, supaya kita dapat bergembira dan berasa bersyukur dalam setiap situasi. Dengan cara ini, kita tidak akan mempunyai masalah dengan sesiapa pun, seterusnya kita akan memiliki buah keamanan.

Apabila kita mempunyai keamanan dengan Tuhan, dengan diri sendiri dan dengan orang lain, kita secara semula jadi akan memiliki buah kesabaran. Jenis kesabaran yang Tuhan mahukan adalah supaya kita tidak perlu bertahan dengan apa pun kerana di dalam diri kita telah ada kebaikan dan kebenaran sepenuhnya. Jika kita memiliki kasih sayang sejati, kita dapat memahami dan menerima apa jua jenis manusia tanpa mempunyai perasaan kurang senang. Oleh itu, kita tidak perlu memaafkan atau menahan apa-apa perasaan dalam hati.

Apabila kita bersabar terhadap orang lain dalam kebaikan, kita akan memiliki buah kebaikan hati. Jika dalam kebaikan kita bersabar, walau pun terhadap orang yang tidak kita fahami, kita akan mampu menunjukkan kebaikan hati terhadap mereka. Walau pun jika mereka melakukan sesuatu yang benar-benar luar daripada kebiasaan, kita akan memahami sudut pandangan dan menerima mereka.

Orang yang memiliki buah kebaikan hati juga mempunyai kebaikan.

Mereka akan mempertimbangkan orang lain lebih daripada diri sendiri dan menjaga kepentingan orang lain serta diri sendiri. Mereka tidak bertengkar dengan sesiapa pun, dan mereka tidak akan meninggikan suara. Mereka akan memiliki hati Yesus, yang tidak mematahkan buluh yang lentur atau memadamkan sumbu yang malap. Jika anda memiliki buah kebaikan ini, anda tidak akan berkeras dengan pendapat sendiri. Anda hanya akan setia dalam semua rumah Tuhan dan menjadi lemah lembut.

Orang yang lemah lembut tidak akan menjadi halangan bagi sesiapa pun, dan mereka akan damai dengan semua orang. Mereka mempunyai hati yang murah, iaitu mereka tidak mengadili atau mengutuk orang lain, sebaliknya memahami dan menerima mereka.

Untuk memiliki buah kasih sayang, kegembiraan, kesabaran, kebaikan hati, kebaikan, kesetiaan, dan kelembutan secara harmoni, kita perlulah memiliki kawalan diri. Kemakmuran dalam Tuhan adalah baik, tetapi kerja Tuhan mesti dicapai dengan turutan ini. Kita memerlukan kawalan diri untuk tidak melakukan apa pun secara berlebihan, walau pun ia sesuatu yang baik. Apabila kita menurut kehendak Roh Kudus dengan cara ini, Tuhan membuatkan semua perkara menjadi lancar.

Tiada hukum terhadap perkara-perkara sebegitu

Pembantu kita, iaitu Roh Kudus, memimpin anak-anak Tuhan menuju kebenaran supaya mereka dapat menikmati kebebasan dan kebahagiaan sejati. Kebebasan sejati adalah penyelamatan daripada dosa dan kuasa syaitan yang cuba menghentikan kita daripada berkhidmat kepada Tuhan dan menikmati kehidupan yang bahagia. Ia juga kebahagiaan yang diraih daripada hubungan dengan Tuhan.

Seperti yang dinyatakan dalam Roma 8:2, " Roh, yang memberi hidup telah memerdekakan kamu dalam Kristus dari hukum dosa dan hukum maut," ia adalah kebebasan yang diperoleh hanya apabila kita percaya terhadap Yesus Kristus dalam hati dan berjalan dalam Cahaya.

Kebebasan ini tidak mampu dicapai dengan kudrat manusia. Ia tidak mampu dicapai tanpa kasih kurnia Tuhan, dan ia adalah rahmat yang kita nikmati selagi kita kekal beriman.

Yesus juga berkata dalam Yohanes 8:32, "...dan kamu akan mengetahui kebenaran, dan kebenaran itu akan memerdekakan kamu." Kebebasan adalah kebenaran, dan ia tidak berubah. Ia menjadi hidup kita, dan ia memimpin kita ke kehidupan abadi. Tiada kebenaran yang wujud dalam dunia yang fana dan berubah ini; hanya Firman Tuhan yang tidak berubah adalah kebenaran. Mengetahui kebenaran bermakna mempelajari Firman Tuhan, menyimpannya dalam fikiran, dan mengamalkannya.

Namun, kadang kala bukan mudah untuk kita mengamalkan kebenaran. Manusia menyimpan dusta yang mereka pelajari sebelum mengenali Tuhan, dan dusta begini menghalang mereka daripada mengamalkan kebenaran. Hukum badan yang ingin mengikut dusta dan hukum Roh kehidupan yang ingin mengikut kebenaran akan sentiasa bertelagah (Galatia 5:17). Ini adalah peperangan untuk mencapai kebebasan kebenaran. Peperangan ini akan berterusan sehingga keimanan kita kukuh dan kita berdiri di atas batu asas keimanan yang tidak goyah.

Apabila kita berdiri di atas batu keimanan, lebih mudah untuk kita berlawan dalam peperangan menuju kebaikan ini. Apabila kita menyingkirkan smeua kejahatan dan menjadi suci, inilah masanya kita akan dapat menikmati kebebasan kebenaran. Kita tidak perlu bertarung dalam peperangan menuju kebaikan ini lagi kerana kita hanya akan mengamalkan kebenaran pada setiap masa. Jika kita memiliki buah Roh Kudus dengan bimbingan Tuhan, tiada sesiapa mampu menghalang kita daripada memiliki kebebasan kebenaran.

Itu sebabnya Galatia 5:18 menyatakan, "Akan tetapi jikalau kamu memberi dirimu dipimpin oleh Roh, maka kamu tidak hidup di bawah hukum Taurat.," dan ayat 22-23 menyatakan, "Tetapi buah Roh ialah: kasih, sukacita, damai sejahtera, kesabaran, kemurahan, kebaikan, kesetiaan, kelemahlembutan, penguasaan diri. Tidak ada hukum yang menentang hal-hal itu."

Mesej sembilan buah Roh Kudus adalah seperti kunci yang membuka gerbang rahmat. Namun, walau pun kita memiliki kunci, ini tidak bermakna yang pintu rahmat akan terbuka sendiri. Kita perlu memasukkan kunci dan membuka pintu, dan hal ini sama dengan Firman Tuhan. Tidak kiralah berapa banyak yang kita dengar, ia masih belum menjadi milik kita sepenuhnya. Kita dapat menerima rahmat yang terkandung dalam Firman Tuhan hanya apabila kita mengamalkannya.

Matius 7:21 menyatakan, " Bukan setiap orang yang berseru kepada-Ku: Tuhan, Tuhan! akan masuk ke dalam Kerajaan Syurga, melainkan dia yang melakukan kehendak Bapa-Ku yang di syurga." Yakobus 1:25 menyatakan, " Tetapi barang siapa meneliti hukum yang sempurna, iaitu hukum yang memerdekakan orang, dan ia bertekun di dalamnya, jadi bukan hanya mendengar untuk melupakannya, tetapi sungguh-sungguh melakukannya, ia akan berbahagia oleh perbuatannya."

Untuk menerima kasih sayang dan rahmat Tuhan, kita perlu benar-benar memahami buah Roh Kudus, mengingatinya, dan memperlihatkan buah tersebut dengan mengamalkan Firman Tuhan. Jika kita memiliki buah Roh Kudus secara sepenuhnya dengan mengamalkan kebenaran yang lengkap, kita akan menikmati kebebasan sejati dalam kebenaran. Kita akan mendengar suara Roh Kudus dengan jelas, dan perjalanan kita akan dipimpin, supaya kita akan makmur dalam semua perkara. Saya berdoa atas nama Yesus bahawa anda akan dilimpahkan keagungan di dunia ini dan di Yerusalem Baru, destinasi keimanan kita yang terakhir,

Penulis:
Dr. Jaerock Lee

Dr. Jaerock Lee dilahirkan di Muan, Wilayah Jeonnam, Republik Korea, pada tahun 1943. Dalam usia 20-an, Dr. Lee menderitai pelbagai penyakit yang tidak dapat disembuhkan selama tujuh tahun dan menunggu kematian tanpa harapan untuk sembuh. Suatu hari dalam musim bunga tahun 1974, beliau dibawa ke sebuah gereja oleh kakaknya dan apabila beliau melutut untuk berdoa, Tuhan yang Maha Hidup menyembuhkan semua penyakitnya dengan serta-merta.

Sejak Dr. Lee bertemu Tuhan yang Maha Hidup melalui pengalaman menakjubkan ini, beliau mencintai Tuhan dengan sepenuh hati dan keikhlasan, dan pada tahun 1978, beliau telah terpanggil untuk menjadi hamba Tuhan. Beliau berdoa dengan khusyuk dan berpuasa supaya dapat memahami dengan jelas kehendak Tuhan, dan mencapai tahap ini serta mematuhi semua Firman Tuhan. Pada tahun 1982, beliau mengasaskan Gereja Besar Manmin di Seoul, Korea, dan menjalankan banyak kerja Tuhan, termasuklah penyembuhan dan mukjizat, semuanya berlaku di gereja ini.

Pada 1986, Dr. Lee telah ditahbiskan sebagai paderi pada Perhimpunan Tahunan Yesus Gereja Sungkyul di Korea, dan empat tahun selepas itu, pada tahun 1990, khutbahnya mula disiarkan di Australia, Rusia dan Filipina. Dalam masa yang singkat lebih banyak negara dapat dicapai melalui Far East Broadcasting Company, Asia Broadcast Station, dan Washington Christian Radio System.

Tiga tahun selepas itu, pada tahun 1993, Gereja Besar Manmin telah dipilih sebagai "50 Gereja Teratas Dunia" oleh majalah Christian World (AS) dan beliau menerima Ijazah Kedoktoran Kehormat Kesucian dari Kolej Keimanan Kristian, Florida, AS, dan PhD pada tahun 1996 dalam bidang Penyebaran Agama, oleh Seminari Teologi Kingsway, Iowa, AS.

Sejak 1993, Dr. Lee telah menerajui misi dunia melalui banyak perjuangan ke luar negara seperti ke Tanzania, Argentina, L.A., Baltimore, Hawaii, dan New York di AS, Uganda, Jepun, Pakistan, Kenya, Filipina, Honduras, India, Rusia, Jerman, Peru, Republik Demokratik Congo, dan Israel dan Estonia.

Pada tahun 2002, beliau diakui sebagai "tokoh kebangkitan sedunia" atas dakwahnya yang berkesan dalam banyak misi mubaligh antarabangsa, oleh akhbar

Kristian utama di Korea. Yang diberi tumpuan ialah 'Perhimpunan New York 2006' yang diadakan di Madison Square Garden, arena paling terkenal di dunia. Acara ini disiarkan ke 220 negara, dan dalam 'Perhimpunan Bersatu Israel 2009', yang diadakan di Pusat Konvensyen Antarabangsa (ICC) di Jerusalem, beliau dengan berani mengakui bahawa Yesus Kristus ialah Al-Masih dan Penyelamat.

Khutbahnya disiarkan ke 176 negara melalui satelit termasuklah GCN TV dan beliau disenaraikan sebagai '10 Pemimpin Kristian Paling Berpengaruh Dunia' 2009 dan 2010 oleh majalah Kristian popular Rusia In Victory dan agensi berita Christian Telegraph, atas dakwah siaran TV beliau yang berkuasa dan dakwah paderi gereja luar negara yang berkesan.

Pada Oktober 2013, Gereja Besar Manmin mempunyai kariah seramai 120,000 ahli. Terdapat 10,000 cawangan gereja di dalam dan luar negara di seluruh dunia termasuk 56 cawangan gereja tempatan, dan setakat ini lebih 123 misi mubaligh telah dihantar ke 23 negara, termasuklah Amerika Syarikat, Rusia, Jerman, Kanada, Jepun, China, Perancis, India, Kenya dan banyak lagi.

Pada masa penerbitan, Dr. Lee telah menulis 88 buah buku, termasuklah buku terlaris Tasting Eternal Life before Death, My Life My Faith I & II, The Message of the Cross, The Measure of Faith, Heaven I & II, Hell, Awaken Israel!, dan The Power of God. Hasil karya beliau telah diterjemahkan kepada lebih daripada 76 bahasa.

Penulisan kolumnya diterbitkan dalam The Hankook Ilbo, The JoongAng Daily, The Chosun Ilbo, The Dong-A Ilbo, The Munhwa Ilbo, The Seoul Shinmun, The Kyunghyang Shinmun, The Korea Economic Daily, The Korea Herald, The Shisa News, dan The Christian Press.

Dr. Lee kini merupakan pemimpin banyak organisasi dan persatuan Kristian. Kedudukan ini termasuklah: Pengerusi, Gereja Penyatuan Suci Yesus Kristus; Presiden, Misi Dunia Manmin; Presiden Tetap, Persatuan Misi Kebangkitan Kristian Dunia; Pengasas & Pengerusi Lembaga, Global Christian Network (GCN); Pengasas & Pengerusi Lembaga, Jaringan Doktor Kristian Sedunia (WCDN); dan Pengasas & Pengerusi Lembaga, Seminari Antarabangsa Manmin (MIS).

Buku-buku lain yang hebat dari penulis yang sama

Syurga I & II

Jemputan ke Bandar Suci Baitulmuqaddis Baru, yang mana 12 pintu pagarnya diperbuat daripada mutiara yang bergemerlapan, di tengah-tengah Syurga yang luas dan bersinar seperti permata berharga.

Tujuh Gereja

Mesej Tuhan untuk membangkitkan penganut dan gereja daripada tidur rohani, yang dihantar ke tujuh gereja yang dicatatkan dalam Wahyu bab 2 dan 3, yang merujuk kepada semua gereja Tuhan

Neraka

Mesej kepada semua manusia dari Tuhan, yang tidak mahu walau satu jiwa pun masuk ke Neraka! Anda akan mengetahui perkara yang tidak pernah diterangkan di mana-mana sebelum ini tentang penderitaan di Neraka.

Merasai Kehidupan Abadi Sebelum Kematian

Buku ini merupakan memoir testimoni Dr. Jaerock Lee, yang dilahirkan semula dan diselamatkan dari jurang bayang-bayang dan kini hidup dengan cara Kristian yang sempurna.

Ukuran Iman

Apakah tempat tinggal, mahkota dan ganjaran yang disediakan untuk anda di syurga? Buku ini memberikan kebijaksanaan dan bimbingan untuk anda mengukur tahap keimanan dan memupuk keimanan yang terbaik dan matang.

Bangkitlah Israel

Mengapa Tuhan memberikan perhatian kepada Israel sejak permulaan dunia sehingga ke hari ini? Apakah kehendak Tuhan bagi Israel pada akhir zaman, yang menunggu Penyelamat?

Hidup Saya Iman Saya I & II

Aroma kerohanian paling harum yang diambil dari kehidupan yang mencintai Tuhan, di tengah-tengah gelombang gelap, cabaran dan penderitaan hebat

Kuasa Tuhan

Buku yang wajib dibaca, sebagai panduan tentang cara kita boleh mendapatkan keimanan sebenar dan mengalami kuasa Tuhan yang Maha Hebat

www.urimbooks.com

www.ingramcontent.com/pod-product-compliance
Lightning Source LLC
LaVergne TN
LVHW010210070526
838199LV00062B/4516